I0103248

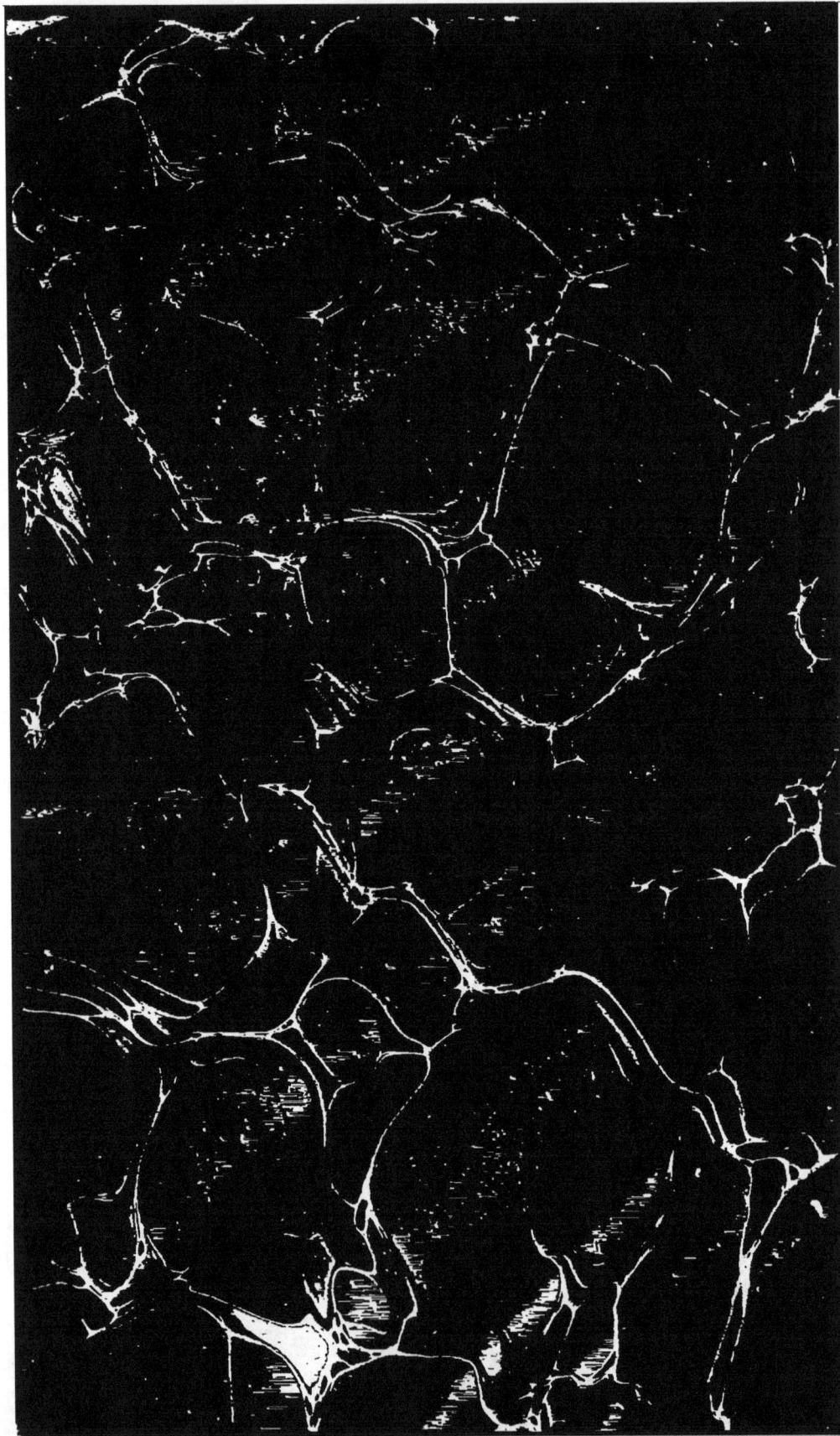

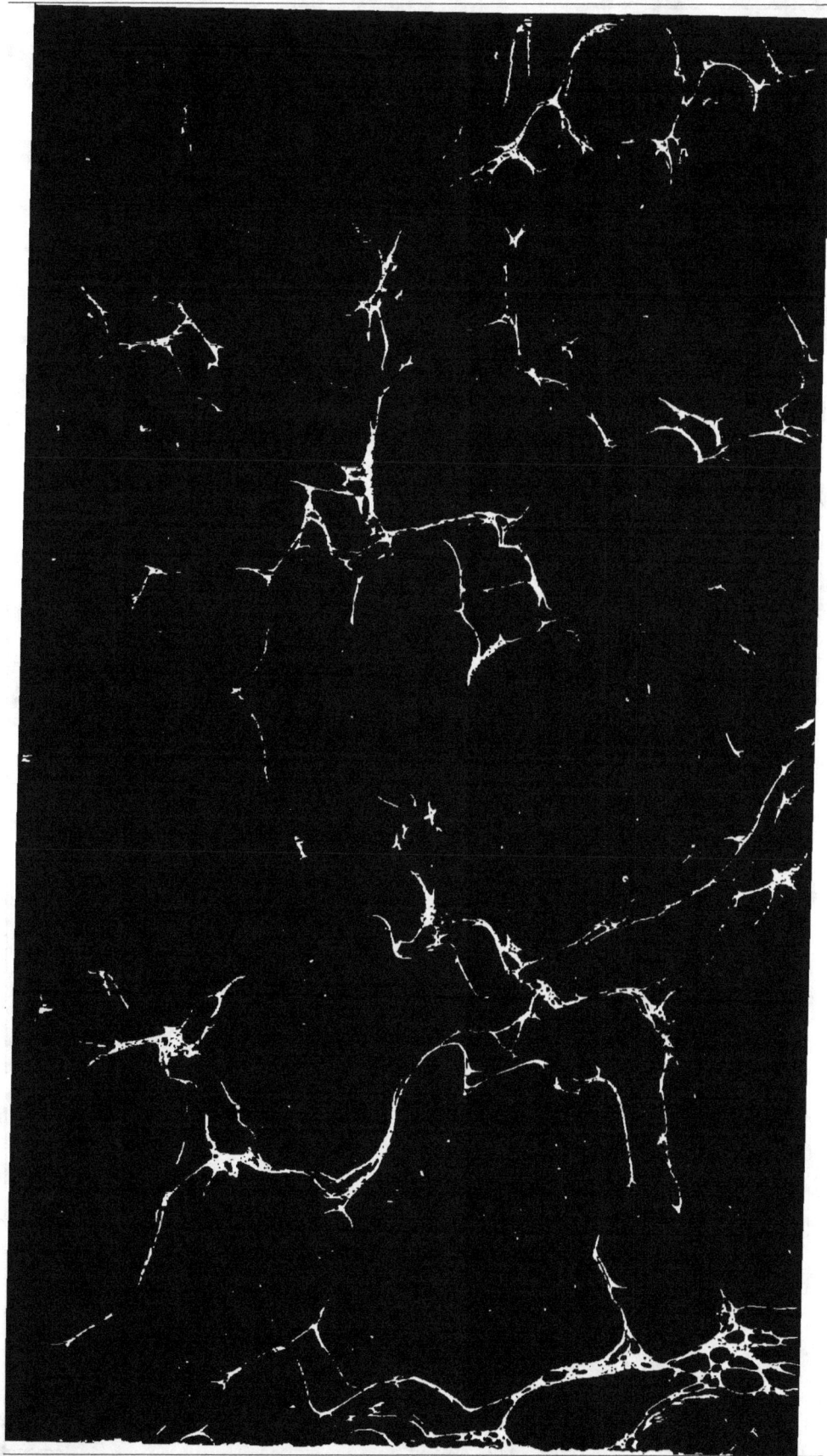

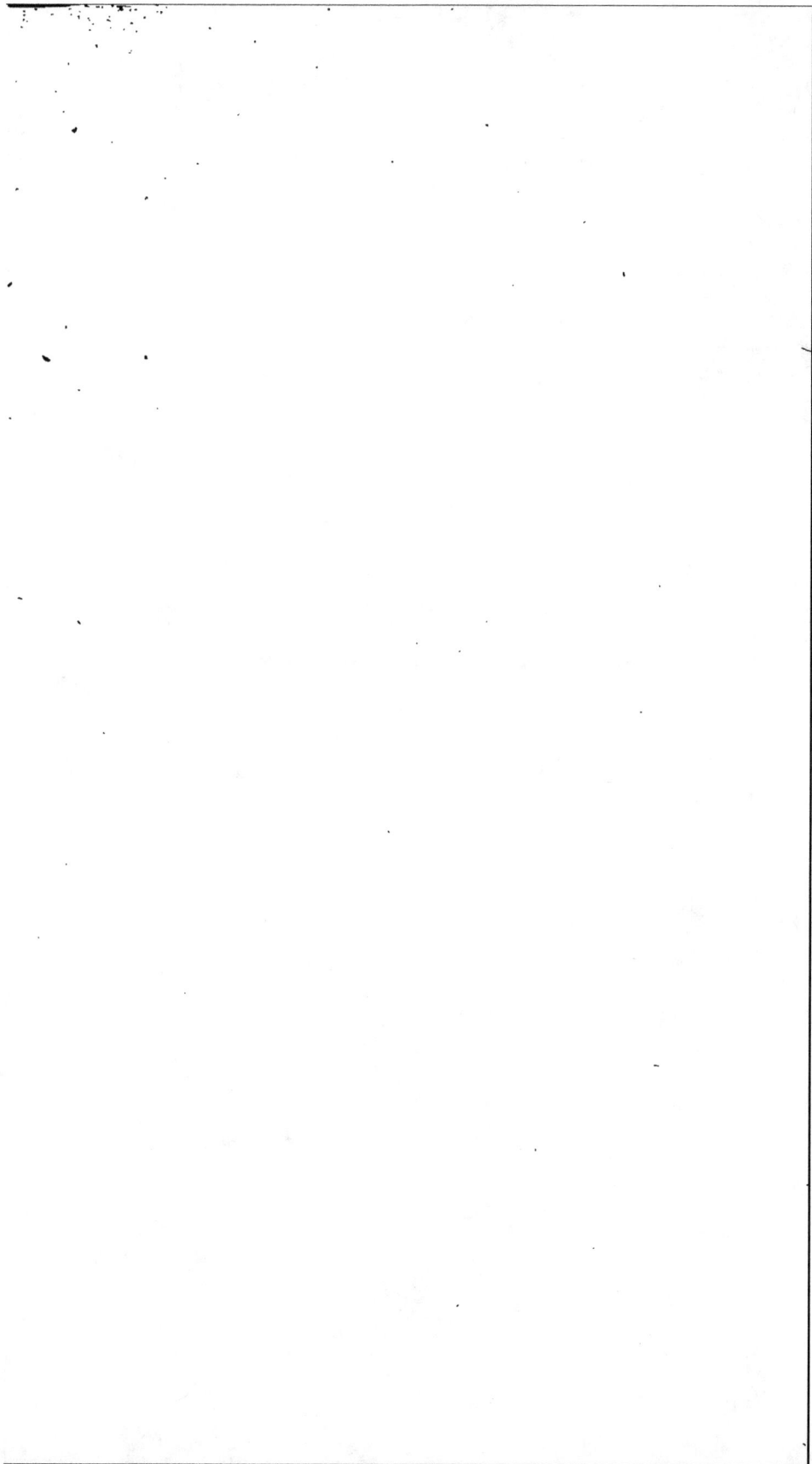

V 2155
#3

THÉORIE

DES MANOEUVRES

A L'USAGE DES COMPAGNIES

de

SAPEURS POMPIERS.

Impr. de POMMET (H. AUGIER, directeur), rue de l'Archevêché, 3.

THÉORIE
DES MANŒUVRES
A L'USAGE DES COMPAGNIES
DE SAPEURS-POMPIERS,

PAR

M. Charrel,

Capitaine de Sapeurs-Pompiers à Voreppe (Isère).

⁓⁓⁓

PARIS,

LIBRAIRIE ADMINISTRATIVE DE PAUL DUPONT ET Cie,
Rue Grenette-Saint-Honoré.

LYON,
LIBRAIRIE DE JURISPRUDENCE DE DORIER,
Quai des Célestins, 51.

—

1845.

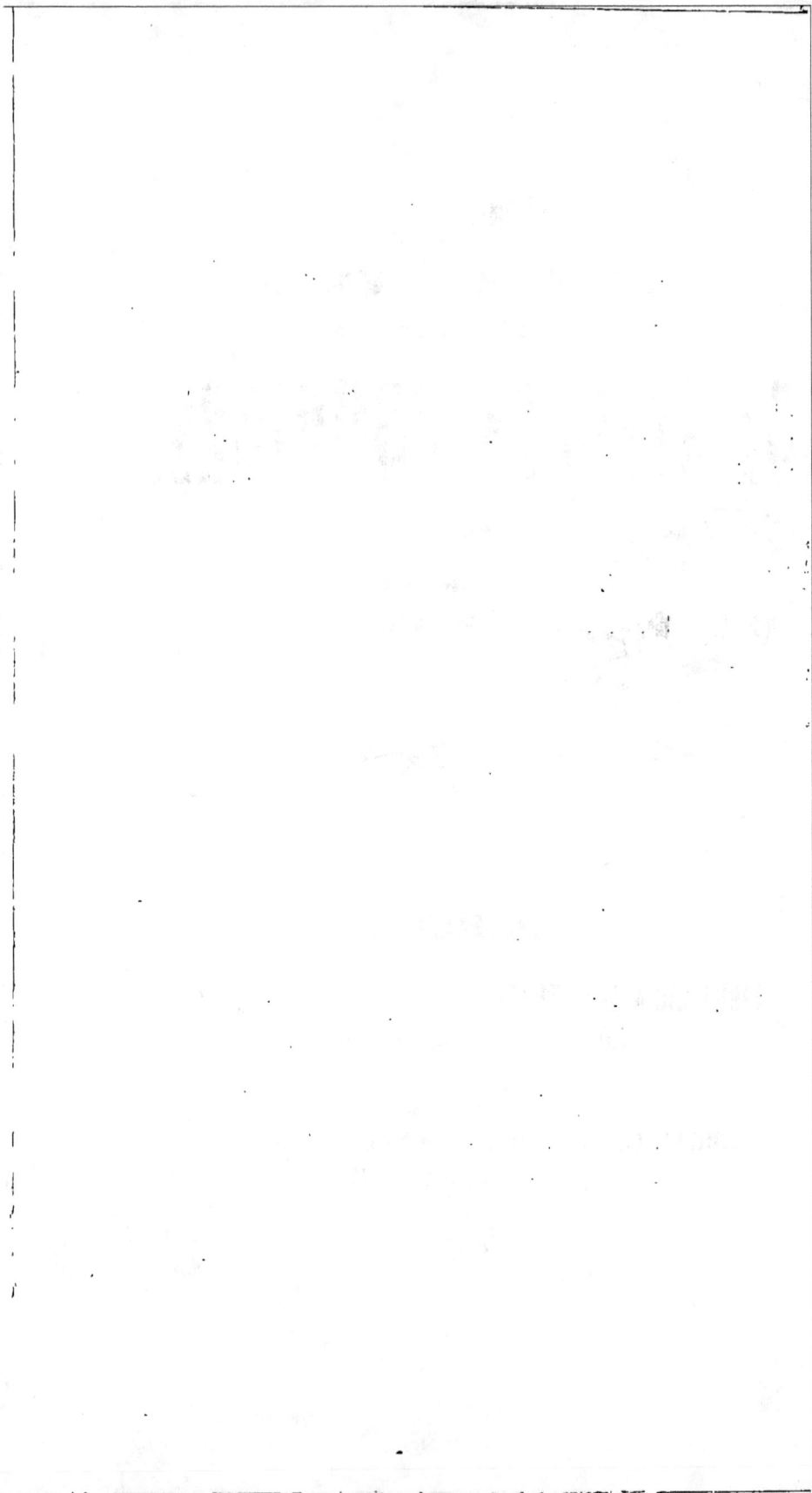

AVANT-PROPOS.

———◦◦◦◦———

De nombreuses compagnies de sapeurs-pompiers existaient en France depuis long-temps ; toutes les localités un peu importan-tes en étaient pourvues ; le repos et la paix dont jouit notre belle France a permis aux administrations communales de s'occupper d'en organiser de nouvelles, et les plus pe-

1

tites communes, les plus pauvres même, comprennent l'importance de ces compagnies, et font tous leurs efforts pour se procurer le matériel; le bon vouloir et le dévouement des habitants fait ensuite le reste; le nombre de ces compagnies va toujours croissant, et dans peu d'années, la presque totalité des communes de France aura à se féliciter d'en être pourvue.

Sous le rapport du zèle et du dévouement, ces compagnies ne laissent rien a désirer; mais en est-il de même sous le rapport du savoir-faire? Dans les localités ou les compagnies n'ont pas encore le savoir que donne l'expérience, il est impossible à des hommes qui, voyant une pompe pour la première fois, ne connaissant pas son mécanisme dans ses détails et son ensemble, de deviner la manière de s'en servir. Les compagnies seules dont l'existence date de loin, ont acquis, en face du danger, le savoir-faire dont elles avaient besoin; cet admirable instinct du courage et du dévouement, si naturel aux Français, a été jusqu'à présent leur guide unique, et l'on peut dire sans exagération que les services rendus, que les actes de dévouement surnaturels que l'on extrairait des annales des compagnies de sapeurs-pompiers, sont innombrables.

Mais ce dévouement et ce courage ne suffisent pas; souvent même ils peuvent donner lieu a des accidents fâcheux; pour arriver à bien, l'ordre et l'ensemble sont des accessoires indispensables au courage et au dévouement. Dans une manœuvre ordinaire, comme en présence de l'incendie, le calme, le sang-froid et la célérité sont également nécessaires. Chaque sapeur-pompier doit avoir son poste désigné et son travail prescrit; chacun doit contribuer, sans compromettre l'ensemble de l'action, à vaincre l'ennemi commun qu'on attaque : le feu.

Pour arriver à ce résultat, une théorie est indispensable; cette théorie doit être la règle fixe et invariable de tous les mouvements, et rien ne doit être négligé pour y habituer tous les hommes d'une compagnie, afin qu'en présence du danger, l'ordre et l'ensemble président à leurs efforts, les diri-gent et les couronnent d'un plein succès.

Il n'existe pas en France de théorie bien complète pour les manœuvres de sapeurs-pompiers; du moins, malgré mes recherches, je n'ai pu en découvrir aucune qui pût s'ap-proprier aux engins que nous possédons. Nos voisins de Genève, sous ce rapport, sont mieux dotés que nous; aussi, tout en ren-dant hommage au courage et à l'adresse de la majeure partie de nos compagnies, nous sommes forcés de nous avouer infiniment inférieurs, sous le rapport de la précision et de l'ensemble des manœuvres; leur théorie de signaux surtout, qui pendant le tumulte et les embarras d'un incendie, est si émina-ment utile, est pour nous d'une indispen-sable admission.

Cet opuscule, qui ne contient, en fait de manœuvres, que ce qu'il est nécessaire de savoir pour arriver à ce double résultat d'ordre et d'ensemble, se divise en deux parties.

La première, sous le titre de *Notions préliminaires*, contient une description complète de nos pompes foulantes, de chacune de leurs pièces, de leur forme et de leur utilité, de la manière de les démonter et remonter, de les graisser et entretenir, et enfin quelques considérations générales sur la force des pompes foulantes et les moyens d'en tirer partie.

La deuxième partie contient, sous le titre de *Théorie de manœuvres*, les principes généraux pour l'organisation des compagnies pour la manœuvre : les manœuvres de route, d'attaque et de retraite, et leurs commandements, les changements de direction, les manœuvres de remplacement par file ou par section, pour le déploiement et le hissage des courses, pour la chaîne sur une seule file, et enfin la manœuvre de l'échelle à crochets, sa description, et la théorie des signaux. Cette théorie se termine par le maniement d'armes des sous-officiers. Cette dernière partie pourra être utile aux compagnies qui sont équipées avec des ceinturons, et qui, par rapport à ce, ont été obligées d'adopter le port-d'arme du sous-officier.

Je ne prétends pas me donner le mérite de la création complète de cette théorie, et c'est pour elle une meilleure recommandation, que celle de mon autorité personnelle. J'ai emprunté à la théorie des sapeurs-pompiers de Genève et à celle des États-Unis d'Amérique ce que j'ai trouvé de bon et d'aplicable au matériel que nous possédons. J'ai tâché de combler les lacunes, et de régulariser et simplifier les mouvements et les commandements, de manière à ce qu'elle fût facile à démontrer et à apprendre; si mes efforts ne sont pas couronnés d'un plein succès, ou s'il est possible de faire mieux, j'ai l'espoir d'être aidé par ceux de mes collègues qui, plus expérimentés que moi, voudront bien communiquer au public le résultat de leurs lumières et de leur expérience.

Je dédie cet ouvrage à mes camarades du département de l'Isère, trop heureux s'ils veulent bien en accepter la dédicace.

J. CHARREL,

Capitaine des sapeurs-pompiers de Voreppe (*Isère*).

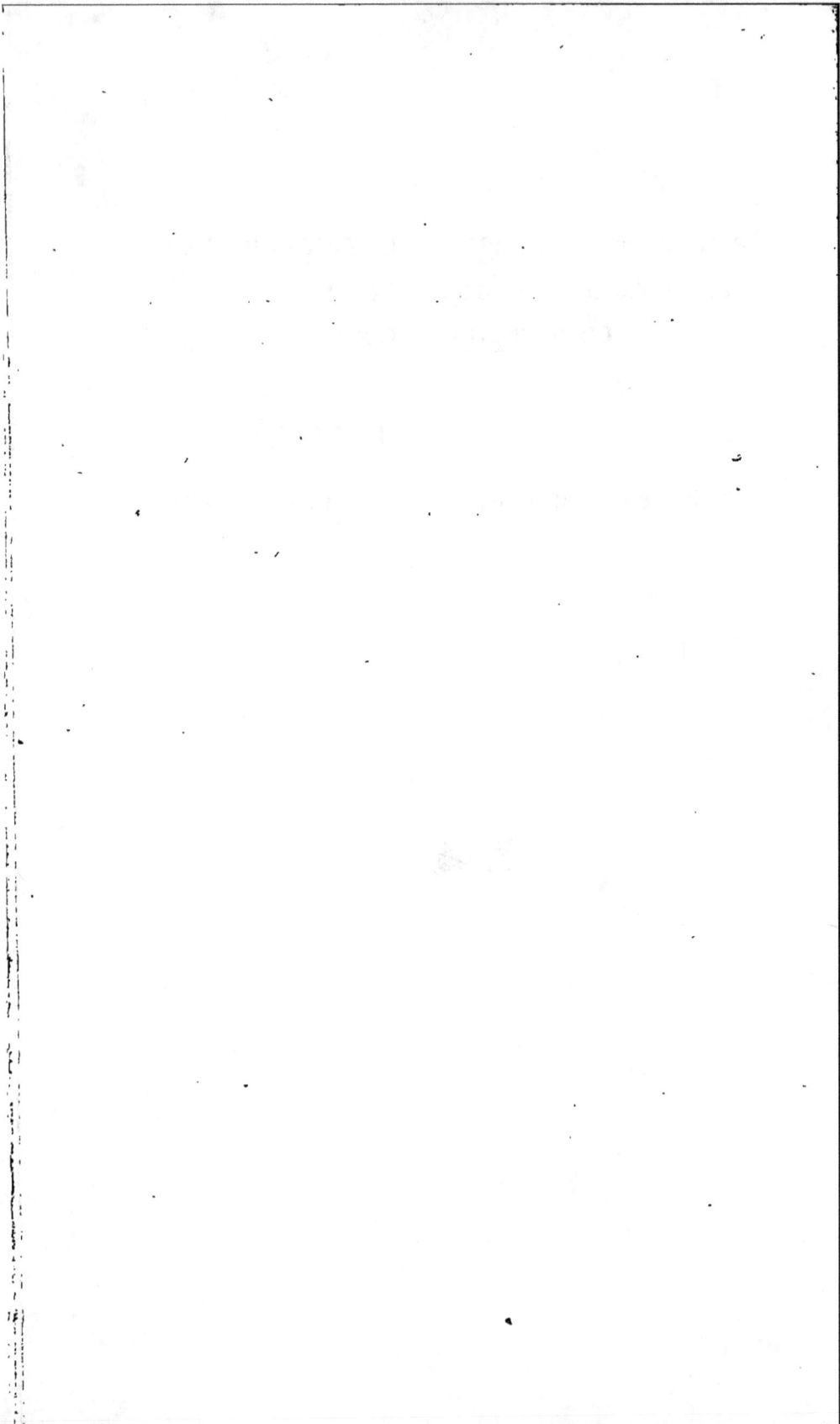

THÉORIE

DE MANŒUVRES

A L'USAGE DES COMPAGNIES

DE

SAPEURS-POMPIERS.

───◦◦◦─◦⊗◦─◦◦◦───

PREMIÈRE PARTIE.

Notions Préliminaires.

Le silence, l'ordre et le sang-froid, sont indispensables pour manœuvrer.

Toutes les manœuvres de sapeurs-pompiers doivent se faire le plus rapidement possible, mais sans précipitation. Les accidents résultent toujours du manque d'ordre et de sang-froid.

Celui-là seul fait son devoir, qui remplit ponc-
tuellement les prescriptions et les ordres de services, et qui reste au poste qui lui est assigné.
Le dévouement et le courage, en dehors du service commandé, sont répréhensibles et peuvent
faire échouer les manœuvres les mieux dirigées.

Pour l'intelligence de ce qui va suivre, il convient d'expliquer ici que cette théorie de manœuvres est faite pour des pompes foulantes,
montées sur quatre roues, avec *orifice* et genou-
lière à gauche; *que seize hommes* forment le
chiffre des servants; que les expressions de
droite et de *gauche* signifient toujours la droite
ou la gauche de la pièce en marche, timon en
avant.

La forme des engins et leur force, peuvent
apporter à cette théorie des modifications, sans
déroger aux principes généraux de manœuvre
qui sont, dans tous les cas, avec *célérité, ordre* et
sang-froid, les mêmes aussi pour les petites pompes auxquelles dix ou douze hommes suffisent;
les divisions de servants se feront proportionnelle-
ment à leur nombre. Pour les pompes dont l'*orifice de sortie* est à droite, ou pour celles qui ont
un *orifice de sortie à droite* et une genouillière

à gauche, l'entrée en manœuvre se fera de manière à ce que le sergent ou caporal, désigné comme chef de pompe, se place au rang qui, dans son mouvement de manœuvre, doit passer devant l'orifice qui devra servir de dégorgeoir.

Parmi les connaissances indispensables aux sapeurs-pompiers, se trouve celle de toutes les pièces qui composent une pompe, et leur utilité ; il est important que chaque homme se rende compte des fonctions de chacune d'elles, afin qu'en l'absence d'hommes spéciaux, chaque sapeur-pompier puisse mettre la pièce en mouvement, sans la compromettre.

Il est donc utile de procéder à la nomenclature, puis à la description de chaque pièce composant une pompe foulante ; la description ici faite sera celle d'une pompe montée sur quatre roues, avec *orifice* et *genouillère* à gauche, *balancier en fer, à coudures*, nouveau système, par M. Dubois, ingénieur-mécanicien à Lyon.

Les pompes à incendie sont de deux espèces :

1° La pompe *foulante* ; 2° la pompe *aspirante*. En réunissant les deux systèmes on forme la pompe *aspirante* et *foulante*.

La pompe *foulante* (c'est celle qui va être décrite) se compose :

1° D'une *Bache*.

La Bache est une caisse en bois dur revêtue intérieurement de feuilles de cuivre mince, solidement construite pour résister aux chocs et à la pression de l'eau. Sa capacité varie suivant la force de la pompe ; elle doit être percée d'un trou à la partie inférieure, afin de la vider à volonté. Ce trou est bouché à l'aide d'une soupape ou d'une vis, qui s'appelle *vis* ou *soupape* de décharge.

2° D'une *Plate-forme* et *ses Grilles*.

La *plate-forme* est un plateau de bois de chêne placé dans l'intérieur de la *bache*. Son épaisseur varie suivant le calibre des pompes, et sa longueur est la même que celle de la bache ; elle est destinée à recevoir, dans des trous pratiqués *ad hoc*, les deux corps de pompe auxquels elle sert d'appui, et le récipient, qui se loge dans une creusure entre les deux corps. Elle doit avoir en outre de chacun de ses côtés, deux entailles pour recevoir les grilles du récipient. Ces grilles doi-

vent être percées d'assez de trous pour la con-
sommation de l'eau, en supposant même que la
moitié en fût obstruée par des immondices.

3° De deux *corps de pompes*, leurs *raccordements, soupapes, clapets,* et *garde-corps.*

Les corps de pompe sont deux pièces en bronze
alezées cylindriquement à l'intérieur. Il portent
à chacune de leurs extrémités leurs *collets.* Ces
collets rentrant l'un dans la plate forme, l'autre
dans l'entablement, maintiennent les corps à
leur place. Après les collets viennent les *embasses* inférieure et supérieure. La première s'appuie
à la *plate-forme*, l'autre à l'entablement. Au-dessus de l'embasse inférieure est un conduit laté-
ral cylindrique, garni à son extrémité de raccordements à oreilles, percés de deux ou quatre
trous destinés à recevoir les boulons de raccordement. Ce cône est fermé par une *soupape* dite
clapet. Quelques corps de pompe ont une mou-
lure destinée à les renforcer, c'est l'*estragale.*
Dans l'intérieur et immédiatement au-dessous du
conduit de raccordement, est soudée la *soupape.*
Cette soupape a elle-même son *corps de soupape,*
qui porte une traverse dans laquelle est percée le

guide de la tige, sa tige et sa couronne ; l'extrémité de la tige doit avoir un arrêt pour empêcher la couronne et sa tige de sortir de leur guide à chaque oscillation de piston. Le carré qui surmonte la couronne peut être saisi et enlevé, si l'on était dans la nécessité de dégager la *soupape.*

Les garde-corps sont deux coupes renversées, percées au centre pour le passage des tiges de *pistons,* fixées à l'entablement par deux vis ; aux garde-corps tiennent deux coussinets mobiles, glissant dans deux charnières, et suivant par un mouvement de va-et-vient, les mouvements de la tige du piston en dehors de la verticale. Ils préservent les corps de pompe de l'introduction de toutes immondices ou corps étrangers.

4° Des *pistons, leurs tiges et boulons.*

Le piston est un cylindre en bronze dur, massif ou creux (les creux fermés par le bas sont préférés). Il doit entrer dans le corps de pompe à frottement doux. Sa surface supérieure est surmontée d'un renflement percé d'un trou ; ce renflement s'appelle *tête de piston,* il est destiné à recevoir la *fourchette de tige.*

Les *tiges de piston* sont deux tringles en fer

forgé; chacune d'elles est percée, à son extrémité supérieure, d'un trou nommé *œil de tige*; il est destiné à recevoir le *boulon de tige* qui l'unit au *balancier*. A l'extrémité inférieure, chacun d'eux se divise en deux branches et forme la *fourchette de la tige*, également percée d'un trou recevant un boulon qui l'unit au piston.

5° Le *récipient*, *ses raccordements*, *sa vis de décharge*.

Le *récipient* est un vase en cuivre battu, dans la circonférence duquel sont pratiqués divers **orifices**. Le nombre de ces *orifices* varie suivant la construction particulière de l'engin. Dans les pompes dont le dégorgeoir est à la genouillère, le récipient a trois orifices principaux, garnis de raccordements à oreilles, et enfin un quatrième destiné à recevoir une vis appelée *vis de décharge*. Dans quelques-unes, cette vis est remplacée par un robinet adapté à l'orifice de la genouillère.

Les principaux orifices à raccordement tiennent aux *cônes* qui lient le récipient au corps de pompe. L'autre lie le récipient au cône de la genouillère.

Le récipient est composé de deux coupes circulaires dont les bords rentrant l'un dans l'autre et soudés à l'étain, sont garnis d'un cordon de soudure destiné à le renforcer. Sa forme doit être sphérique.

C'est dans le *récipient* que l'air comprimé à sa partie supérieure, réagit à chaque oscillation de piston, et régularise l'injection de l'eau, qui sans son effet serait intermittente comme les coups de piston.

La proportion de force du *récipient* doit être en raison directe de sa dimension, et de la différence qui existe entre son diamètre et celui des *corps de pompe*, c'est-à-dire; qu'il faut que la solidité du *récipient* soit d'autant plus grande qu'il y a plus de différence entre son diamètre et celui des *corps de pompe*.

6° De la *Genouillère et son robinet de décharge.*

Au bas de la *genouillère* et de son conduit est une pièce coudée, qui porte son *cône* et *oreilles de raccordement* au moyen desquelles elle est fixée au récipient.

A cette pièce coudée, est soudé un *conduit*

cylindrique qui s'élève verticalement. A hauteur de l'*entablement* sont deux embasses laissant entr'elles un *collet* qui reçoit une bride destinée à fixer le conduit, soit à l'entablement, soit au support ; au-dessous du *collet* est un *robinet* destiné à dégorger l'*orifice* et le *récipient*. Au-dessus du robinet sont deux *coudes*, l'*inférieur* et le *supérieur*; ces coudes sont munis chacun d'un cône et de *deux oreilles de raccordement*. Les *oreilles mobiles* viennent, au moyen d'un renflement pratiqué à la base du coude et de ses vis, presser ce coude sur le raccordement inférieur, de manière à lui laisser la liberté de tourner sur lui même. L'extrémité du coude supérieur forme un demi *ajutage mâle,* auquel se vissent à volonté les *ajutages femelles* de la lance ou des courses de boyaux.

Nota. Il serait à désirer que ce mécanisme, assez compliqué, et par conséquent coûteux et d'un difficile entretien, fût remplacé par un orifice orizontal, débouchant par un des côtés de la bache. Il est si rare que l'on se serve de la *genouillère* pour éteindre un incendie, qu'il est à désirer que ce meuble, ou plutôt cet embarras, soit enlevé aux pompes à incendie.

7° De l'*Entablement.*

L'entablement est une pièce de bois dur, destinée à lier tout le système, et à recevoir le *support et les coulisses du balancier*. Il est percé de deux trous qui reçoivent les *collets* supérieurs des corps de pompe ; de huit trous destinés à recevoir les *boulons de réunion* ; de deux trous pour les boulons d'assemblage ; de quatre pour les boulons de support. Il doit y avoir, à la partie supérieure, trois *encastrements*, l'un pour le *support*, les autres pour les *garde-corps* et leurs *boulons*. La partie inférieure de l'*entablement* doit avoir une creusure pour recevoir la partie supérieure du *récipient*.

8° Du *Support et des coulisses de balancier*.

Le *support* destiné à soutenir le *balancier* est composé de deux pièces de fer forgé ou de fonte. Ces deux pièces sont réunies par une *traverse*. elles ont chacune leur *base, leur fût et leur œil*. Cet axe est traversé par le boulon appelé *axe* du *balancier*. Le *support* est encastré dans l'entablement auquel il est solidement fixé par quatre boulons qui le traversent.

Les *coulisses de balancier* sont fixées sur l'entablement par les boulons de réunion. Elles servent à maintenir le balancier contre les chocs latéraux 'que pourrait lui faire éprouver une chûte, une mauvaise route, ou une manœuvre mal faite. Le sommet des *coulisses* est réuni par deux bandes de fer serrées à écrou. L'une de ces bandes, sur la *coulisse* d'avant-train, est cintrée, et sert de *support* à la *lance* ; elle se nomme *support de lance*. L'autre peut servir de *support de lanterne*.

9° Du *Balancier*.

NOTA. Toutes les pièces dont se compose le balancier doivent être parfaitement connues de chaque sapeur-pompier, et chaque homme de la compagnie doit être mis à même de mettre la main sur la pièce désignée, au premier commandement de l'instructeur.

Le *balancier* se compose de sa pièce principale appelée *tige de balancier*, de ses *allonges* ou *coudures*.

La *coudure* est fixée à la *tige* par une *charnière*; cette *charnière* est elle-même fixée par une *cheville* traversée au petit bout par une *clavette*.

Chaque *coudure* se termine à l'extrémité par deux *bras de manœuvre*, terminés chacun par une *douille*. Ces *bras de manœuvre* s'appellent *fourchettes de balancier*. Les *douilles* sont destinées à recevoir un *cylindre* en bois, appelé *brimbale*. La longueur de la brimbale varie selon la force de l'engin.

La tige de balancier est percée, à son centre, pour recevoir le boulon appelé *axe de balancier*, et à droite et à gauche, pour recevoir les *œils de tiges de piston* et leurs boulons.

La *cheville* et sa *clavette* sont suspendues chacune à une *chaînette* fixée de chaque côté de la *tige de balancier*.

10° Des *Tamis* ou *sacoches*.

Les *tamis* ou *sacoches* servent à empêcher les immondices de pénétrer dans la bache. Elles varient de forme suivant la structure de la pièce ; elles sont en toile claire, en toile métallique fer ou cuivre, ou tout simplement en fer blanc percé, il en existe même en treillis d'osier. Les préférées sont celles en toile métallique de cuivre. Le cadre des tamis est fixé à l'entablement et aux parois de la bache, à l'aide de crochets appelés *crochets de sacoches* ou de *tamis*.

10° Des *Boyaux* et *ajutages*.

Les *boyaux* sont divisés en *courses* réunies par des *ajutages*. Ces *ajutages* sont composés de trois pièces.

La partie de l'*ajutage* appelée *mâle*, est fixée au boyau, il est d'une seule pièce.

La partie de l'ajutage appelée *femelle*, est composée de deux pièces, dont l'une est fixée au *boyau*, et l'autre mobile peut tourner sur la première, mais elle est retenue par un bourrelet, qui, par l'action de la pièce mobile, vient s'appuyer sur la *rosette* de cuir dont est garni l'autre *demi* ajutage.

Le *mâle* à ses vis en dehors, la *femelle* les a en dedans.

12° De la *Lance* et de ses *jets de rechange*.

La lance est une pièce ou tube cylindrique en fonte de cuivre, dont la base forme un demi *ajutage* femelle, pouvant se visser au demi *ajutage mâle* de la genouillère ou des *courses* de *boyaux*. Le cône est tronqué par une *ambasse* et une *vis* où s'ajustent des bouts de rechange appelés *jets*.

Ces jets varient de dimension suivant la force des pompes.

Il doit y avoir proportion entre le calibre du *jet* et celui des *corps de pompe*. Le calibre du *jet* doit être le douzième de celui des *corps de pompe*. Cette proportion est la plus avantageuse. Au-dessus, la portée diminue, et la quantité d'eau débitée augmente beaucoup. Au-dessous la résistance et la fatigue augmentent sans augmenter la portée. Il est donc important de connaître le diamètre des corps de *pompe*, pour adapter aux *lances* les *jets* les plus avantageux.

Pour les pompes aspirantes destinées à l'alimentation, il convient d'avoir des jets de fort calibre, afin que l'approvisionnement d'eau ne souffre pas.

Règle générale : le jet le plus petit d'une pompe doit être fixé au 1/12, et le plus grand au 1/6.

13° Du *Train* de la pompe.

Le *train* de la pompe se compose d'un *avant-train*, d'un *arrière-train*, d'une *flèche* et de sa *traverse*, de ses *bras de forces* ou *jumelles*, encadrant la *bache*; d'une *volée*, de deux *essieux* et leurs encastrures, quatre roues, une *mécanique* ou un *sabot*, un *diable*, deux *marche-pieds* ou *étriers.* Quelques pompes ont une mécanique appelée *tour*, ajustée sur l'arrière par deux *supports à charnières*; ce *tour* sert à enrouler les courses de *boyaux* ajustés d'avance. Il serait à désirer que les boyaux fussent tenus dans un état de souplesse qui permît à toutes les compagnies d'avoir cette précieuse mécanique qui, dans les cas d'attaque d'incendie, économise un travail long et minutieux, et économise des hommes et un temps bien précieux. Les communes qui possèdent des boyaux en tissu de chanvre surtout, ne devraient pas hésiter à faire ajuster ce tour sur l'arrière de leurs pompes.

Ce tour se compose de deux pistons entaillés dans les jumelles, et boulonnés. Un *arbre* recouvert en bois, deux joues à quatre raies, un *rochet*, un *cliquet* rentrant dans les dents du *rochet*.

Récapitulation des diverses pièces composant une pompe foulante

1º Une *Bache*;
2º Une *Plate-forme* et ses *grilles*;

3° Deux *Corps de pompe*, leur *raccordements*, *soupapes*, *clapets*, et *garde-corps*.

4° Deux *pistons*, leurs *tiges* et *boulons*;

5° Le *Récipient*, ses *raccordements* et vis de *décharge*;

6° L'orifice, sa *genouillère* et son *robinet* de *décharge*;

7° Un *Entablement* et ses *boulons de réunion*;

8° Un *Support* et *deux coulisses de balancier*;

9° Un *Balancier*, *ses allonges ou coudures*, *fourchettes*, *douilles*, *chevilles*, *clavettes* et *chaînettes*;

10° Trois *Tamis* ou *sacoches*;

11° Ses *Boyaux* et *ajutages*;

12° La *Lance* et ses *jets de rechange*;

13° Son *Train* et ses *accessoires*.

Après la description de la *pièce*, doit venir naturellement la manière de la démonter, et de l'entretenir en bon état. En l'absence d'hommes spéciaux il peut arriver qu'un *engin* se dérange, et alors on sent le besoin d'avoir dans une compagnie, une section au moins, d'hommes capables de démonter et de remonter la pompe, lorsque toutefois la compagnie entière ne peut pas être mise à même de le faire. Le démontage d'une pompe devrait être fait le plus souvent possible, soit pour l'entretien et la vérification des pièces, soit pour l'instruction de la compagnie. Après chaque manœuvre, les diverses opérations de nettoiement et d'entretien doivent être faites par les hommes spéciaux, choisis par l'administration locale, en la présence et assistance d'un certain nombre d'hommes de la compagnie.

Instruction pour démonter une Pompe foulante.

Pour démonter une pompe on procède dans l'ordre suivant :

1° On enlève ses *supports* de lanterne et de *genouillère* ;

2° Le *Balancier*, après avoir ôté son boulon *d'axe* et ceux de *tiges de piston* ; ensuite la bride d'orifice ;

3º Les *Boulons de réunion*, et les *garde-corps*;

4º Les boulons d'*assemblage*;

5º L'*entablement*;

6º On desserre les vis de *raccordement* des corps et de l'orifice, et on les enlève;

7º On incline les *corps de pompe* de manière à démancher les *raccordements*;

8º On sort les *pistons* à l'aide de leurs *tiges*;

9º On enlève le *récipient*;

10º On enlève les corps de pompe.

NOTA. Au fur et à mesure que l'on démonte un boulon ou plusieurs, montant une pièce, on les réunit à leurs écrous et à la pièce de laquelle ils dépendent. Cette précaution est très-importante, la plupart des repaires étant très-mal numérotés.

Les petites pièces démontées doivent être nettoyées une à une, et remises au fur et à mesure, chacune à leur place, dans l'*œil* qu'elles occupaient.

Pour remonter la *pièce*, on procède en sens inverse, mais on ne serre les vis de *raccordement* qu'après avoir fixé l'*entablement*, en serrant légèrement les *boulons de réunion*; puis alternativement, on serre tous les boulons jusqu'à ce qu'ils soient solides.

Rien de doit être serré avec excès, c'est le moyen de ménager les filets. Pour serrer les *oreilles de raccordement* il convient de serrer alternativement chaque *écrou*, et d'arriver progressivement à une pression suffisante. Une pression trop forte compromet les filets, endommage les surfaces pressées, et expose la pièce à rompre au premier choc.

Graissage et Entretien.

Toutes les pièces frottantes, excepté les *soupapes* et les *clapets*, doivent être nettoyées et graissées souvent.

Les *soupapes* et les *clapets* ne doivent être que nettoyées et essuyées; la pression opérée sur ces pièces les ferait adhérer si elles étaient garnies de graisse, et il serait difficile de les détacher sans démonter la pièce, souvent même sans les rompre. Aussi, en graissant l'intérieur des *corps de pompe*, doit-on, après avoir fait descendre le *piston*, le ressortir, et enlever l'excédent de graisse, qu'il a entraîné en descendant; cet enlèvement de graisse se fait avec un linge propre.

Le nettoiment des pièces frottantes doit se faire sans employer aucun corps rongeant. La vieille graisse peut s'enlever à l'aide d'escence de térébenthine, ou à l'aide de linges ou de morceaux de bois. Elle doit être remplacée par de la nouvelle, employée en petite quantité. La surabondance est aussi nuisible que le trop peu. La graisse répandue sur le bois doit être enlevée avec soin; elle détériore le vernis et cuit le bois.

Les pièces non frottantes doivent être nettoyées au tripoli, à l'huile dolive ou à l'eau-de-vie, mais ensuite bien desséchées et essuyées.

Les points du frottement de la pièce doivent être préservés de poussière, qui unie à la graisse, en augmenterait rapidement l'usure.

Les vis doivent être légèrement graissées; la graisse les entretient et double leur énergie.

Les courses de boyaux doivent, après chaque

manœuvre, être mises sur l'égouttoir, où elles doivent rester jusqu'à ce qu'elles soient bien sèches (quatre jours en hiver, et deux jours en été).

Les boyaux ont deux causes principales de détérioration : l'humidité qui pourrit le fil, et la sécheresse qui les dispose à se rompre. Pour obvier au premier inconvénient, une prompte dissécation suffit, et pour le second, deux graissages par an sont nécessaires, l'un au printemps, l'autre à l'automne.

Pour donner aux boyaux de cuir toute la souplesse désirable, il conviendrait d'employer à leur graissage de l'huile de poisson combinée avec de la graisse de cheval, ou au moins une graisse employée assez liquide pour qu'elle pénétre complètement dans le cuir.

Pour le graissage des pièces frottantes d'une pompe, il faut, au contraire, employer de la graisse de mouton non salée, et mélanger avec de l'huile d'olive, 1/3 d'huile et 2/3 de graisse, le tout épuré et débarrassé par l'ébulition de ses parties acqueuses.

Les seaux demandent aussi des soins. Il convient de ne les rentrer dans le hangar que lorsqu'ils ont été bien lavés ; une bonne dissécation

*

est ce qui leur convient le mieux. Toutes les pièces en cuir ou en toile, doivent, autant que possible, être préservées de la dent des rats. Un peu d'essence de térébenthine, mélangée à la graisse, préserve les boyaux.

DEUXIÈME PARTIE.

***

Principes Généraux.

Les compagnies de sapeurs-pompiers doivent être divisées suivant leur force numérique, par sections.

Le nombre d'hommes devant former chaque section, est de 10, 12 ou 16 hommes, suivant la puissance de l'engin.

Il doit être choisi dans la compagnie, une section de huit hommes au moins et de douze au

plus, composée d'ouvriers en bâtiments, courageux, lestes et dispos, sous la dénomination de
section d'escalade, cette section doit avoir pour
chefs un sergent et un caporal. Dans les manœuvres elle escalade les bâtiments, simule les reconnaissances et attaques d'incendies, hisse les
courses, dirige le *jet*, et dans les cas réels d'incendie, remplit les fonctions auxquelles elle a
été habituée.

Dans les villes, où les compagnies de sapeurs
pompiers peuvent être formées exclusivement
d'ouvriers en bâtiments, cette prescription est
surabondante, tandis que dans les campagnes,
où les compagies comptent parmi elles peu d'ouvriers spéciaux, cette mesure est impérieuse-
ment prescrite pour ne pas compromettre inutile-
ment des hommes inaccoutumés aux positions
périlleuses. Le vertige atteint souvent les hommes les plus courageux, dans une position éle-
vée au-dessus du sol.

La compagnie se divise ensuite suivant son
nombre, en deux sections au moins.

Il est prudent d'organiser à l'avance un service
de sûreté, et de garde sauvetage dans les campagnes, où l'administration ne peut pas déployer,

en cas d'incendie, une force militaire quelconque.

Les sections seront numérotées, et porteront les dénominations suivantes (pour la manœuvre des pompes seulement).

1re Section. — Escalade,	10 hommes.	
2e Section. — De manœuvre,	16	id.
3e Section. — De prolonge,	16	id.
4e Section. — Réserve,	16	id.
5e Section. — De sûreté (g^{le} s^{ge})	10	id.

Total. 68

Cette organisation supposerait une compagnie de soixante-huit hommes, sous-officiers et caporaux compris.

Dans une manœuvre, le lieutenant dirige et surveille la 2e et la 3e section, le sous-lieutenant la 4e et la 5e, le capitaine dirige et commande l'ensemble et doit avoir sous sa main un sous-officier de son choix, pour remplir les fonctions d'adjudant, surveiller le service, lui transmettre les avis, et porter ses ordres aux divers chefs, ou sous-chefs de section. La section d'escalade

reçoit ses ordres directement du chef commandant.

La compagnie ainsi organisée, la deuxième
section, dite *section de manœuvres*, à son arrivée
sur le lieu de la manœuvre, s'occupera du *gréement* de la *pièce* (1).

Le premier rang de la 3e section, dite *section
de prolonge*, déploira les courses, les vissera
entr'elles, à l'*orifice* et à la *lance*, amarera la
lance à la *maille* à poulie, aidera l'ascension des
courses ;

Le second rang descendra les seaux, les placera près du réservoir, les remplira, et attendra,
pour commencer la chaîne, que le premier rang
l'ait rejoint ; dans le cas où la distance du réservoir serait trop grande, le chef surveillant la
section donnera le commandement de commencer la chaîne quand il jugera le moment opportun.

La 4e section, dite *section de réserve*, destinée
à relever la deuxième section lorsqu'elle est fati-
guée, doit se tenir en bataille sur deux rangs,

(1) Dans toute cette théorie, la Pompe sera appelée
pièce, et le char à pannier la *prolonge*.

au lieu qui lui a été désigné, et attendre l'ordre d'entrer en manœuvre.

Le remplacement se fait par file ou par sec- section : par file quand on ne veut pas interrom- pre la manœuvre, par section pendant un temps d'arrêt.

La 5e section, dite de sûreté, est inutile dans les manœuvres ordinaires; les hommes qui la composent doivent être employés à compléter les sections qui, dans les manœuvres, sont rare- ment complètes.

Chaque section à son tour, doit remplacer l'autre dans tous les détails de la manœuvre, excepté toutefois dans les manœuvres de la *section d'escalade*, auxquelles il est prudent de n'adjoindre que des hommes dont on connaît l'agilité et le sang-froid. Ainsi, si la 2e section commence un jour l'entrée en manœuvre, à la prochaine réunion, la section suivante la rem- place, et ainsi de suite, de telle sorte que chaque section, à tour de rôle, sera section de manœu- vre, section de prolonge, section de réserve, etc.

Ces principes posés, on comprend la nécessité de la formation des sections, la nécessité d'un lieu convenu pour la réunion de la compagnie avant la manœuvre, afin d'organiser, suivant le nombre d'hommes présents, les peletons de manœuvre, sortir le matériel avec ordre, se rendre le plus rapidement possible sur les lieux, et là, habituer les sapeurs-pompiers à prendre avec calme et sang-froid, les plus rapides dispositions pour attaquer l'incendie.

Si les rôles ne sont pas prévus d'avance, si chaque homme, selon la section où on le place, ne sait pas d'avance le travail de sa section, il est impossible d'entrer en manœuvre sans désordre et confusion.

ENTRÉE EN MANŒUVRE.

Pour sortir le Matériel.

Manœuvre de départ et de Route.

Avant de sortir le matériel, l'instructeur placera ses hommes sur deux rangs, comptera les files et formera les sections. Les hommes de chaque section doivent, autant que possible, être d'égale taille, la section d'*escalade* excepté.

Il désigne immédiatement six hommes de la section de manœuvre pour sortir la pièce, et six hommes de la section de *prolonge*, pour sortir la prolonge.

Il fait placer la *pièce* au lieu où doit commencer la manœuvre de départ, et la *prolonge* à dix mètres en avant ou en arrière, suivant que la position où l'on doit manœuvrer a son réservoir d'eau en avant ou en arrière. Lorsque le réservoir d'eau est plus éloigné du point de départ que l'emplacement arrêté de la *pièce*, la *pro-*

4

longe doit marcher en avant, et *vice versâ*. Cela est très-important à observer par rapport aux rues et aux chemins étroits où deux trains ne pourraient pas se croiser.

La pièce et la prolonge en place, l'instructeur commandera :

Sapeurs, en ligne ! marche.

A ce commandement, chaque homme reprendra son rang dans sa section. (Les sections doivent être placées sur la gauche du matériel ; et lui tournant le dos. La première file de la première section de manœuvre à la hauteur du bout de la flèche.)

Il commandera ensuite :

Garde à vous ! *pour former la colonne d'attaque.*

Division, par le *flanc droit, à droite !*

A ce commandement, toute la division fait par le flanc droit.

Par *file à droite, pas accéléré ! Marche.*

Au commandement de *Marche,* chaque section fait par file à droite et se place : la première en avant de la 1re *pièce;* la seconde en avant de la 2e pièce; la troisième section en arrière de la 2e pièce. Les deux premières, à un mètre en avant du *timon* ou *flèche*. Lorsque la 4e file arrivera à la hauteur de la *flèche*, l'instructeur commandera :

Halte, front!

A gauche, alignement.

Au premier commandement, chaque section fera front en avant;

Au second commandement, la colonne s'alignera sur les guides de gauche (fig. 1re, pl. 2e).

Cela fait, l'instructeur commandera :

Fixe, numérotez-vous pour manœuvrer.

Au premier commandement les sections resteront immobiles, au second commandement, le premier rang de chaque section se numérotera de droite a gauche, et le second rang, de gauche à droite. Si l'orifice de la pièce est à droite, le sous-officier de chaque section se placera entre le 4e et le 5e du premier rang, et s'il est à gauche, entre le 4e et le 5e du second rang, le caporal le doublera.

Par le flanc droite et le flanc gauche,

A droite, à gauche.

Au second commandement le premier rang fait par le flanc droit et le second rang par le flanc gauche ;

Par file à droite et par file à gauche, pas accéléré !

Marche.

Au commandement de *marche*, le premier rang fait par file à droite, et le second rang par file à gauche, en longeant la pièce latéralement à un mètre de distance de chaque côté. Lorsque les n⁰ˢ 4 de chaque côté arrivent à la hauteur de l'*orifice* ou des *étriers de la pièce* (fig. 2, pl. 2ᵉ).

Halte, front.

Équipez-vous.

Au premier commandement, les sections s'arrêtent court ; au second, chaque rang fait face à la pièce ; au commandement *équipez-vous*, les 5ᵉ, 6ᵉ, 7ᵉ, 8ᵉ de chaque côté, prennent les bricoles, les passent sur leurs épaules ; les n⁰ˢ de droite, sur

l'épaule droite, et ceux de gauche, sur la gauche; s'attèlent dans l'ordre suivant : les 8ᵉ au
palonnier à droite et à gauche du timon ; les 7ᵉ à
la volée en double des 8ᵉ; les 6ᵉ aux crochets de
jumelles, et les 5ᵉ, aux crochets latéraux de la
pièce, ou aux crochets de rosettes d'essieux,
ou bien, au crochet de maille de l'alonge de la
flèche. Le caporal est chargé de veiller à l'attelage, et de diriger la marche de la pièce ; le sergent, pendant la marche, surveille la pièce. Les
1ᵉʳ, 2ᵉ, 3ᵉ et 4ᵉ de chaque côté, appuyent, ceux
de droite la main gauche, et ceux de gauche la
main droite sur la pièce, et l'aident dans ses
mouvements, si besoin est (fig. 5, pl. 2ᵉ).

Ces dispositions prises, l'instructeur commande :

Colonne en avant, *pas accéléré ! marche* (1).

Au commandement de *marche*, toute la colonne

_____

(1) Les manœuvres des sapeurs-pompiers se font souvent au pas de course, mais un instructeur prudent, ne
doit jamais commander ce pas avant que le matériel soit
en route. Il doit le faire cesser à quelque distance du lieu
de la manœuvre, afin d'arriver en ordre, et ne pas perdre
sur le terrain, plus de temps qu'on en a gagné à la course.

s'ébranle et se met en marche; sauf les cas ou des obstacles forcent à serrer la colonne, on doit avec soin, conserver ses distances, afin d'entrer en manœuvre le plus rapidement possible sur le terrain.

L'entrée en manœuvre ci-dessus peut se faire, si l'instructeur le veut, *par section en arrière, à droite.*

Pendant la marche, si la distance est longue, on doit procéder à un remplacement d'attelage, dans ce cas l'instructeur arrête la colonne en commandant :

Colonne, halte ! Remplacez-vous, marche.

Au commandement de *halte*, la colonne s'arrête; au commandement *remplacez-vous*, les hommes attelés dépassent leurs bricoles, les accrochent à la traverse de la flèche, et viennent se mettre dans l'ordre de numéros, en bataille sur deux rangs, à un mètre en avant de la flèche, les 1er, 2e, 3e et 4e, prennent les bricoles, les 4e remplacent les 8e, les 3e remplacent les 7e, les 2e remplacent les 6e, et les 1er remplacent les 5e. Ces dispositions prises, l'instructeur commandera :

Sapeurs, à vos postes ! marche.

Au premier commandement, le premier rang des hommes remplacés, qui se compose des 5e, 6e, 7e et 8e de droite, fait par le flanc droit; le second rang fait par le flanc gauche ; au commandement de *marche*, ils feront par file à droite et par file à gauche, et viendront prendre la place des numéros attelés sur les côtés de la pièce.

L'instructeur commandera alors :

En avant ! marche.

Pendant la marche, si l'on gravit une côte, l'instructeur commandera :

Décrochez les diables.

Si au contraire on descend, il commandera :

Enrayez.

Ce service est confié au sous-officier surveillant. Quelques pièces n'ont ni mécanique, ni sabot, ni chaîne d'enrayage; dans ce cas, l'instructeur commandera suivant la rapidité de la côte :

Deux, quatre ou six hommes en *retraite!* *marche.*

Au commandement de *marche* les hommes commandés se dételeront de l'avant, et viendront accrocher leurs traits de bricoles aux crochets des jumelles à l'arrière de la pièce, et feront, pendant la marche, effort en arrière pour retenir la pièce; au bas de la côte, l'instructeur commandera :

Halte, désenrayez! ou, *bricoliers, à vos postes!* *marche.*

Au commandement de *halte*, les numéros non attelés feront effort en arrière pour démancher le sabot ou décrocher la chaîne d'enrayage, qui seront replacés à leur place par le sergent; si la pièce a une mécanique, le commandement de *halte* est inutile, le sergent la déserre en marche. Au commandement de *Bricoliers à vos postes*, les hommes de retraite, quittent l'arrière de la pièce, et viennent s'atteler à leur place; dans aucun cas, les deux hommes attelés à la flèche ne quittent leur poste. On les appelle *timoniers*.

Pour ramemer le Matériel.

———

Manœuvre de retraite (elles sont simultanées pour toutes les sections).

La manœuvre terminée, le commandant voulant rentrer le matériel, commandera :

Division, halte !

A ce commandement la manœuvre cessera complètement.

Garde à vous, sapeurs ! pour marcher en retraite.

A ce commandement, le chef de la section de manœuvre commandera :

Section en ligne ! marche.

Au commandement de *marche*, le dégréement de la pièce commencera dans l'ordre inverse de son gréement, et sera fait par les mêmes numéros. Au fur et à mesure que chaque servant a fait son travail, il se remet en ligne, et tous attendent le commandement : *formez la colonne de retraite*, ou celui : *équipez-vous.*

Au commandement de : *pour marcher en retraite.*

Le chef de la section de prolonge commandera:

Ramenez la lance !

A ce commandement la lance sera ramenée comme il est dit page 34, cela fait il commandera :

Dévissez et reployez ! marche.

Au commandement de *marche*, les servants de la section de prolonge se distribueront sur toute la longueur des courses, et dévisseront les ajutages, les ramèneront ensuite sans les laisser traîner vers la prolonge. Le caporal et le sergent les recevront, et les placeront sur l'égouttoir, ou galerie ; les seaux seront également rapportés et replacés à leur place. Tout le matériel remis en ordre, et à sa place, si la prolonge et la pièce ne sont pas tournées dans le sens de la marche en retraite, les chefs de sections commanderont simultanément :

A bras ! face en arrière.

Demi-tour à droite ou *à gauche, marche.*

(Il faut un intervalle entre les commande-ments.)

Au second commandement, les servants se placent comme il est dit, pour les *à bras en avant* ou *en arrière.*

Au commandement de *marche*, les n°s 8 placés à la flèche lui font décrire un demi cercle le plus raccourci possible. Les autres servants font effort pour aider le mouvement; le demi-tour terminé, les servants se remettent en ligne sur les deux côtés de la pièce, dans leur ordre de numéros.

Si le tour des hommes attelés ne doit pas changer, les chefs de section commanderont :

Equipez-vous, marche.

A ce commandement, les bricoliers s'équiperont et s'attèleront comme il est dit plus haut.

Si le tour des bricoliers doit changer, l'instructeur commandera :

Formez la colonne de retraite !

Les chefs de section commanderont :

Par le flanc droit et le flanc gauche l à droite, à gauche.

Par file à droite et par file à yauche ! Pas accéléré ! marche.

Le premier rang fait par le flanc gauche et par file à droite, et le second rang par le flanc droit et par file à gauche, passent à l'arrière de la pièce, où les deux rangs se croisent, et font encore par file à droite et par file à gauche, à chaque angle de la pièce, jusqu'à ce que les nos 4 soient arrivés à hauteur de l'orifice. Les chefs de section commandent alors :

Halte, front ! Equipez-vous.

Les nos 1er remplacent les nos 8 et ainsi de suite, prennent les bricoles et s'équipent, etc., etc.

L'ordre de la marche des colonnes de retraite est l'inverse de celui des colonnes d'attaque. La section d'escalade ferme la marche.

OBSERVATIONS.

Au moment d'arriver sur le terrain des manœuvres, que l'on doit toujours supposer être celui de l'incendie, l'instructeur doit désigner l'emplacement de la *pièce*, et celui de la *prolonge*, qui doit être placée dans le lieu le plus convenable à la distribution des seaux, et au déploiement des courses de boyaux. Cet emplacement est souvent difficile à trouver, soit qu'on ait dépassé le réservoir (dans ce cas la prolonge est en arrière), soit que le réservoir soit en avant du foyer de l'incendie (dans ce cas elle doit être en avant), dans l'un ou l'autre cas, si l'on n'a pas une section de réserve, la section de prolonge doit être employée, partie au déploiement et au vissage des *ajutages* de *courses*, et partie à la distribution des seaux et formation de la chaine. Dans l'un et l'autre cas il y a perte de temps, et perte de bras, et cette position de la manœuvre bien comprise, fait sentir l'indispensa_

5

ble besoin d'adapter à nos pièces, comme à
Génève, et comme aux Etats-Unis, et dans la
plupart des villes du nord, un tour sur l'arrière
de la pièce, où serait enroulé un certain nombre
de courses de boyaux vissés d'avance. Au moment
d'entrer en manœuvre, la *prolonge* se placerait au
réservoir, la *pièce* sur l'emplacement choisi. Les
courses se dérouleraient rapidement dans le sens
de l'incendie, seraient instantanément vissées à
l'orifice et à la lance; la chaîne, à l'arrivée de la
prolonge au réservoir, commencerait sans retard,
et en moins de dix minutes la compagnie serait
en action. Dans l'espoir que cette utile disposition sera généralement adoptée, après avoir dé-
taillé la théorie des manœuvres appropriées aux
engins que nous possédons, je donnerai celles
des manœuvres, telles qu'elles se font à Genève
avec le tour à boyaux.

MANŒUVRES D'ATTAQUE.

NOTA. Les manœuvres des trois sections sont instantanées et ont lieu en même temps.

———◦◦◦◦◦———

Section d'escalade.

Arrivé sur le lieu de la manœuvre, et la pièce placée au lieu désigné, l'instructeur commandera :

Halte! En reconnaissance! marche.

Au dernier commandement, les hommes d'escalade, précédés par le sergent et le caporal, vont reconnaître le lieu de l'incendie; le sergent enverra, aussitôt la reconnaissance faite, prévenir le chef commandant, du lieu où il va descendre la maille à poulie, afin qu'il sache la direction que doit prendre le déploiement des courses, il distribuera ses hommes selon le besoin, gardera auprès de lui ceux dont il a besoin pour lui aider à hisser la lance ; descendra sa maille à poulie dans le lieu qu'il a indiqué, et attendra pour hisser la lance, que le signal en soit donné, ou que le commandement en soit fait.

Section de manœuvre.

Après le commandement de *halle*, *en reconnaissance*, fait par le chef commandant, l'officier ou sous-officier commandant la section de manœuvre, commandera :

Deséquipez-vous !

A ce commandement les hommes attelés quitteront leurs bricoles et les placeront sur le coffret de l'avant ou sur la volée d'avant-train ; un des numéros timoniers remettra la traverse de flèche, le chef de pièce commandera ensuite :

Section en ligne ! marche.

Au commandement de *marche*, les deux

rangs de la section de manœuvre se placeront latéralement à la pièce, le premier rang à droite, le second rang à gauche, les 1er de chaque rang à l'arrière, et les 8e à la hauteur de la flèche ; le sergent en face de l'orifice, et le caporal du côté opposé, en face de lui (fig. 2, pl. 2e).

Aussitôt les hommes ainsi placés, le chef de section commandera :

Gréez ! marche.

A ce commandement les 8e feront un pas en avant et tiendront ferme (celui de droite avec la main gauche, et celui de gauche avec la main droite), la *tige du balancier* inclinée vers l'avant. Les 5e feront un pas en avant, celui de gauche saisira le maillet, repoussera la clavette et la cheville, et remettra le maillet au 5e de droite. Les 6e feront un pas en avant, se fendront, celui de droite de la partie droite, et celui de gauche de la partie gauche, saisiront, l'un de la main droite, l'autre de la main gauche, les bras de *fourchette de balancier*, en inclinant le corps du côté du support de balancier, feront effort pour déployer la coudure, suivront son mouvement avec le corps, et la feront basculer sans secousse, puis se remettront en ligne ; les 5ᵉ replaceront la cheville et la clavette, et reprendront leur place, le 7ᵉ de droite saisira la brimbale, la sortira de ses brides , la passera au 8ᵉ qui la passera dans ses douilles, les 8ᵉ enlèveront le balancier par les bouts de brimbale, et le maintiendront ferme pendant le *gréement* de l'arrière. Aussitôt le balancier abattu à l'arrière, les 4ᵉ font la manœuvre des 5ᵉ, les 3ᵉ font la manœuvre des 6ᵉ, les 2ᵉ et les 1ᵉʳ font la manœuvre dés 7ᵉ et des 8ᵉ; cela terminé, tout le monde se remet en ligne, l'instructeur commande :

Pour manœuvrer! par le flanc droit et le flanc gauche! à droite, à gauche.

A ce commandement, les 1ᵉʳ, 2ᵉ, 3ᵉ et 4ᵉ font face à l'arrière de la pièce, les 5ᵉ, 6ᵉ, 7ᵉ et 8ᵉ font face à l'avant, le sergent et le caporal restent en place.

A vos postes! marche.

Au commandement de *marche*, les 1ᵉʳ se placent en dehors en face les *douilles de fourchette*, les 2ᵉ à l'extrémité extérieure de la brimbale,

les 3ᵉ aux bras de fourchette, et les 4ᶜ au bout
en dedans de la brimbale ; de l'autre côté, les 8ᵉ
comme les 1ᵉʳ, les 7ᶜ comme les 2ᶜ, les 6ᵉ comme
les 3ᶜ, et les 5ᵉ comme les 4ᵉ (fig. 3, pl. 2ᵉ).

Section de prolonge.

Aussitôt après le commandement *en reconnaissance*, le chef de section de prolonge commandera :

Deséquipez-vous !

A ce commandement, les hommes attelés, dé-
passeront leurs bricoles et les placeront dans le
caisson d'avant-train ou sur la volée : le chef de
prolonge commandera :

Section, en ligne! marche.

Toute la section se placera latéralement de
chaque côté de la prolonge , dans le même or-

dre que celui de l'entrée en manœuvre; le sergent et le caporal monteront sur la prolonge; le chef de section commandera :

Déployez !

A ce commandement, le sergent saisira le demi-ajutage qui doit marcher en avant, le passera au n° 8 de droite ou de gauche, selon le côté où se trouve l'ajutage. Le caporal saisira l'autre demi-ajutage, l'accompagnera pour le préserver de chocs pendant que le boyau fait le tour de la galerie, le remettra au sergent, qui le remettra au n° suivant, et ainsi de suite jusqu'au déploiement complet. Les hommes porteurs d'ajutages auront soin de marcher dans le sens du déploiement des courses, sans laisser traîner les boyaux. Le 3e et le 4e, le 5e et le 6e, etc., etc., se tiendront près l'un de l'autre, de manière à ce que les ajutages puissent être vissés instantanément. Daus le cas où l'on manquerait de servants pour procéder à cette manœuvre, il conviendrait de visser les ajutages sur la prolonge même, au fur et à mesure de leur déploiement; au lieu de deux, un seul homme suffirait au soutènement d'une paire d'ajutages, et le déploiement serait aussi rapide.

NOTA. (Si le déploiement des courses se fait en ralliant la pièce, les demi-*ajutages femelles* doivent marcher en avant; si, au contraire, il se fait de la pièce au foyer de l'incendie, ce sont les *ajutages mâles* qui marchent.)

Si le vissage des courses se fait après le déploiement, le chef de section commandera :

Vissez, marche !

Au commandement de *marche*, les hommes qui tiennent les demi-ajutages enjamberont le boyau et se feront face l'un à l'autre, présenteront l'un à l'autre les demi-ajutages et les tiendront fermes des deux mains; les servants porte-clefs parcourront rapidement la ligne et visseront les unes après les autres et à fond tous les ajutages. Le sergent de la section de manœuvre démanchera la lance et la remettra au caporal, qui la portera, au pas de course, vers le demi-ajutage mâle de l'extrémité des courses, saisira le demi-ajutage femelle le plus rapproché de la pièce et le vissera à l'orifice. Le caporal porteur de la lance, après l'avoir ajusté aux courses, la fixera à la maille à

poulie ; alors le chef commandant ou l'instructeur commandera :

Hissez la lance !

A ce commandement, les hommes d'*escalade*,
aidés d'un nombre suffisant d'hommes de la section de prolonge, hissent les courses. (Ci-après
une instruction pour ce hissage.)

Aussitôt que le chef de la section de prolonge
aura fait le commandement, *déployez !* il disposera
des hommes qui lui restent pour la distribution
des seaux et la formation de la chaîne. Cette opé-
ration doit être faite le plus rapidement possible.
Il faut, si cela se peut, que le premier seau d'eau
soit versé dans la bache, au moment où le chef
de section de manœuvre commande :

A vos postes ! marche.

Toutes ces dispositions prises, une fois la lance
hissée, les soutènements de courses placés et la
bache pleine, aussitôt que le sergent d'escalade
aura fait connaître qu'il est prêt, le chef commandant ou instructeur commandera :

En action, marche !

Au deuxième commandement le balancier se
met en mouvement. Les hommes doivent avoir
soin de ne point trop presser les oscillations; les
coups de piston doivent être réguliers, et les
tiges de piston déployées de toute leur longueur;
tel est le moyen de manœuvrer longtemps et de
donner à la *pièce* toute sa portée.

Instruction pour hisser la lance et les courses, et les descendre.

Aussitôt que le caporal a placé la lance à l'extrémité des courses, il place le crochet de poulie
derrière l'embasse du demi-ajutage mâle. Le sergent d'escalade a du fixer un des bouts de la
maille, à défaut d'autre point d'attache, à la
boucle de sa ceinture; aidé des hommes qu'il a
gardé auprès de lui, il fait effort sur l'autre bout
de la maille; les hommes placés aux courses faci-
litent l'ascension et font éviter contre les parois

du mur tous chocs ou frottements aigus. Il est important d'avoir au moins une autre maille à crochets appelée *maille de soutènement*; cette maille, descendue d'en-haut, accroche l'*embasse* du 2ᵉ demi-*ajutage mâle* et se fixe au point où les courses doivent manœuvrer, leur sert de soutènement et facilite le jeu libre de la première course et de la *lance*. A la fin de la manœuvre, ou dans les cas de retraite ou de changement de direction, la *lance* et les courses redescendent à l'aide de la manœuvre inverse.

En cas de retraite forcée, la maille à poulie sert à descendre, les uns après les autres, les hommes qui n'auraient d'autre retraite qu'une croisée, et qui n'auraient pas d'autre engin de sauvetage; dans un cas pareil, l'homme qui veut descendre fixe la poulie par son crochet, attache solidement un des bouts de la maille à sa ceinture, envoie aux hommes de dessous le grand bout de la maille; il est soutenu par eux jusqu'à ce qu'il se soit suspendu à la maille, et il peut être ainsi descendu en se maintenant lui-même en équilibre par les deux bouts de la maille qu'il presse dans ses mains lorsqu'il veut s'arrêter.

Instruction pour la chaîne.

La chaîne sur deux files, telle qu'elle se fait partout où l'on n'a pas des pompes d'aprovisionnement est trop connue et s'exécute par instinct dans toutes les localités; ce n'est pas celle dont il sera parlé ici, celle dont la théorie suit est une chaîne faite par une seule file et qui peut être doublée, triplée si l'on emploie deux ou trois files, bien que dans peu de cas d'incendie on ait besoin d'y avoir recours, dans plus d'une occasion elle est indispensable : dans le cas 1° où le monde manque au début d'une manœuvre ou d'un incendie;

2° Dans celui où le réservoir d'eau se trouve placé dans une position qui n'est accessible que par un passage étroit qui ne permet que le passage d'une file (une allée étroite, une ruelle, etc.).

Les hommes composant la chaîne accèdent au réservoir munis d'un panier de chaque main; le premier arrivé au réservoir se place pour puiser l'eau, le second se place en face de lui pour recevoir les paniers vides et les remettre; chaque

6

homme se place successivement à un mètre de
distance de l'homme qui précède, se fend de la
partie gauche, de manière à ce que la pointe du
pied gauche soit à la hauteur du talon droit de
l'homme précédent, tous font face au réservoir ;
à l'autre extrémité de la chaîne il doit y avoir
également deux hommes, l'un pour vider dans
la bache, l'autre pour prendre le panier vide et
le placer dans la main gauche du dernier servant
de chaîne.

Lorsque tous les hommes sont placés et au
commandement : *Commencez la chaîne !* le mouvement commence par le premier homme, le plus
près du réservoir, qui remet le panier vide qu'il
tient de la main droite au servant chargé de l'em-
plissage ; lorsque tous les paniers de droite ont
été envoyés, emplis et placés en réserve au bord
du réservoir, le mouvement général commence.
Le premier servant reçoit un panier plein des
mains de l'emplisseur ; pour cela, il porte la main
droite en avant et la main gauche en arrière, puis
au second mouvement porte la main droite en arrière et la main gauche en avant, remet son panier vide à l'*aide emplisseur* et son panier plein
en la main droite du deuxième servant, reporte

la main droite en avant pour prendre un panier plein, et la gauche en arrière pour prendre un panier vide, le même mouvement se communique à toute la ligne, et bien régularisé, peut amener un seau d'eau par seconde dans la bache.

Les numéros impairs, ont la main droite en avant et la gauche en arrière, lorsque les numéros pairs, ont la gauche en avant et la droite en arrière. Si quelques paniers échappent dans la manœuvre, il faut bien se garder de chercher à les ressaisir, il faut continuer le mouvement qui doit être aussi régulier que les oscillations d'un balancier de pendule ; le magasin de paniers faits à l'avance, pourvoit et remplace ceux qui échappent.

Changements de direction.

Dans un incendie le feu change souvent de direction, soit par l'effet du changement de courant d'air, soit parce qu'il peut avancer d'un côté pendant qu'on l'arrête de l'autre. Pour obvier à cet inconvénient, il est important d'habituer les sapeurs-pompiers aux changements de direction.

Ces changements de direction doivent se faire le plus rapidement possible, mais sans rien brusquer. Dans cette manœuvre surtout, le matériel se trouvant tout ou en partie déployé, la manœuvre doit s'exécuter avec calme, sang-froid et célérité.

Aussitôt que le chef commandant aura connaissance qu'un changement de direction est nécessaire, il commandera :

Division ! halte.

A ce commandement, qui sera répété par les chefs de section, la manœuvre et la chaîne s'arrêteront, il commandera ensuite :

Changement de direction à droite, à gauche, en avant ou en arrière, sapeurs en ligne ! marche.

Au commandement de *marche*, tous les hommes de la section de manœuvre se placent en ligne sur les deux côtés de la pièce, et dans leur ordre de numéros ; ceux de la section de prolonge, se placent de même à la prolonge, si elle est comprise dans le mouvement. Dans le cas où elle doit rester en place, ils se plaçent à distance égale le long des courses, soit pour les dévisser si besoin est, soit pour les soutenir pendant l'évolution; il commandera ensuite :

Ramenez la lance ! sapeurs, *équipez-vous !*

A ce commandement la section d'escalade détachera les *mailles de soutènement* et la *maille à poulie*, et laissera glisser, en les soutenant, les *courses* jusqu'à terre, où elles seront reçues par la section de *prolonge* qui décrochera, au fur et à mesure de leur arrivée, les crochets de *soutènement*, et le crochet de la *maille à poulie*; ces crochets et leurs mailles seront reployés aussitôt qu'ils seront libres, par la section d'escalade, qui se transportera immédiatement au nouveau poste qu'elle doit occuper.

En même temps, le sergent de la section de *manœuvre* dévissera l'ajutage de l'orifice, et le gardera en main pendant l'évolution.

Si la prolonge est comprise dans le mouvement, la section de réserve remplacera la section de prolonge pour le déplacement et le transport des courses; dans le cas contraire, ou bien dans le cas ou l'on n'aurait pas de section de réserve, la section de prolonge se divise en deux, moitié pour transporter la prolonge, moitié pour soutenir les courses pendant le trajet; elle est au besoin renforcée par les hommes de la section de manœuvre dont on peut se passer pour le mouvement.

Si la distance à parcourir est courte, ces changements de direction se font à *bras*, et le commandement *équipez-vous* est supprimé. (S'il est nécessaire d'atteler, la manœuvre se commande et s'exécute telle qu'elle est décrite plus haut.)

Si la manœuvre s'exécute à bras, on commandera :

A bras, en avant ou *en arrière ! marche.*

Au commandement de *marche*, les 8e se portent à la traverse de la flèche, les autres numéros de droite et de gauche font un pas en avant et se fendent, ceux de droite de la partie droite, et ceux de gauche de la partie gauche, cherchent un point d'appui chacun, et font effort tous ensemble dans le sens indiqué. Dans cette ma-

nœuvre il est inutile de dévisser l'orifice ; le sergent et le caporal, et quelques hommes, si besoin
est, soutiennent les *courses*.

Au commandement de *halte*, chaque sapeur
se remet en ligne, sans autre commandement.

Si l'ajutage de l'orifice a été dévissé, on le
remet, la lance se hisse de nouveau, et la reprise
de manœuvre se fait par le même commandement que l'entrée en manœuvre ; le chef de la
section de prolonge fait faire à la chaîne le mouvement que nécessite le changement de direction.

Remplacement par sections ou par files.

Les remplacements ne se font guère qu'à la
pièce ; le reste du service, quoique pénible, les
nécessite rarement.

Les remplacements par section ne peuvent se
faire que pendant un temps d'arrêt ; on les exé-

cute rarement pendant un incendie, sauf les cas de changement de direction , dont le chef commandant doit profiter pour les remplacements par sections.

Le remplacement par files est celui auquel on a le plus souvent recours; le chef de la section de manœuvre doit le faire exécuter le plus souvent possible, afin de ne pas épuiser de fatigue les hommes de la pièce.

Remplacement par sections.

Après avoir arrêté la manœuvre par le commandement de *division ! halte*, l'officier commandant commandera :

Garde à vous ! sapeurs.

Par sections remplacez-vous.

Le chef de la section de manœuvre commandera :

Sapeurs, en ligne ! marche.

Au commandement de *marche*, les sapeurs de manœuvre se placeront en ligne sur les deux côtés de la *pièce*, dans l'ordre de leurs numéros de manœuvre, le chef de section commandera alors :

Division ! par le flanc droit et le flanc gauche ! à droite, à gauche.

Au dernier commandement, la section de manœuvre et la section de réserve font :

Le premier rang de la section de manœuvre par le *flanc gauche*;

Le second rang, par le *flanc droit.*

Le premier rang de la section de réserve, par le *flanc droit*, et le second rang, par le *flanc gauche.*

Par file à droite et par file à gauche ! pas accéléré ! marche.

Au commandement de *marche*, les deux sections font par file à droite et par file à gauche et viennent se placer :

Le premier rang de la section de manœuvre, à deux mètres en arrière de la *brimbale d'arrière,* et le second rang en double derrière le premier.

La section de réserve, devenue section de manœuvre, se place latéralement, le premier rang à droite, le second rang à gauche de la pièce. Lorsque les n°s 4 arrivent à la hauteur de l'orifice, le chef de section commandera :

Halte, front!

A ce commandement, les deux files font face à la pièce. Le reste de la manœuvre se commande et s'exécute comme il est dit plus haut.

Au second remplacement par section, les commandements sont les mêmes, mais les mouvements par flanc et par file sont inverses, afin de faire reprendre à chaque sapeur la place de son numéro de manœuvre. Pour ne pas faire erreur quant à ce, il faut retenir que la section qui va manœuvrer, qu'elle soit placée à l'avant ou à l'arrière de la pièce, doit toujours faire face en avant; que si la manœuvre commence par la section placée en arrière de la pièce, le premier rang doit être numéroté de gauche à droite et le second rang de droite à gauche.

Dans tous les remplacements, le sergent et le caporal restent à leur poste, à moins que la section de réserve n'ait aussi son sergent et son caporal ; dans ce cas ils suivent leur section respective.

Dans la manœuvre ci-dessus détaillée, on a supposé que la section de réserve était placée en avant de la pièce ; si elle eût été en arrière, les mouvements de *flanc* et de *file* eussent été inverses.

———————

Remplacement par file (1).

Quand l'officier commandant jugera convenable de faire remplacer, il commandera :

Par file, remplacez-vous !

Le chef de section commandera :

Remplacement par file ! *marche*.

Au commandement de *marche*, les nos 1 et 8

(1) Les remplacements par file se font sans interrompre la manœuvre.

de la section de réservé viennent remplacer les 1 et les 8 de la brimbale; les 7 et les 2 remplacent les 7 et les 2, etc., etc.

Ces remplacements doivent se faire avec ordre; les 2 et les 7 ne doivent se mettre en marche pour remplacer que lorsque les 1 et les 8 de la section remplacée se sont placés au lieu que la section doit occuper.

La section de manœuvre devenant section de réserve, doit prendre, si le terrain le permet, le côté de la pièce opposé à celui qu'occupait la section de réserve, et s'y mettre en bataille sur deux rangs et dans le même ordre qu'elle eût pris si elle eût manœuvré par section. Cette prescription est assez importante, attendu qu'elle met à même le chef commandant d'apprécier le nombre de remplacements qui ont été exécutés.

Instructions pour déployer les cour-ses avec un tour à boyaux (1).

Avec une pièce pourvue sur l'arrière d'un tour à boyaux, une section complète peut être sup-primée ; les sections de *prolonge* et de *réserve* peuvent être employées à la distribution des seaux et à la formation de la chaîne, et c'est jus-tement la partie du service qui demande le plus de bras et qui fait perdre le plus de temps au début de la manœuvre.

Sur les **16** servants de la pièce, les **1** et les **2** peuvent être employés, avec le sergent et le ca-poral, au déploiement des courses enroulées sur le tour, et les **12** restant suffisent au *gréement*.

Aussitôt que la section de manœuvre sera pla-cée latéralement à la pièce et lui fera face, le chef commandant commandera :

Pour déployer les courses !

A ce commandement, le sergent détachera la courroie de genouillère et la dévissera de l'orifice ; le caporal se portera rapidement vers le tour et

(1) Voyez pl. 1re, fig. 7.

en détachera la courroie, saisira le premier ajutage mâle qui doit marcher en avant, le sergent
le joindra vers le tour et lui remettra la lance qui
sera immédiatement vissée au premier ajutage
mâle; cela fait, le chef de section commandera:

Déployez! marche.

Au commandement de *marche*, le sergent
appuie la main sur le tour pour en régulariser
les mouvements, le caporal se met en marche,
la lance à la main, entraînant après lui la première course; les quatre servants détachés pour
le déploiement le suivent au fur et à mesure que
les courses ont besoin d'être soutenues. Lorsqu'il y a une quantité suffisante de courses déployées, le chef de la section commande:

Halte!

A ce commandement, le sergent de manœuvre dévisse l'ajutage qui se trouve au point du
déploiement, fixe à l'aide de la courroie de tour,
l'ajutage dévissé, et aussitôt après le commandement *sapeurs à vos postes*, visse l'ajutage des
courses à l'orifice.

Le caporal et les sapeurs qui ont aidé au déploiement, se rendent à leur poste de manœuvre
aussitôt après avoir aidé le hissage des courses.

Manœuvre de l'Échelle à crochets dite Parisienne.

(Sa description.)

Cette manœuvre demande du sang-froid et de l'adresse. Elle se fait par deux hommes et un chef d'ascension qui reste à terre pour surveiller et commander.

Les deux sapeurs doivent avoir chacun une bonne ceinture avec une forte poignée à la partie postérieure.

A cette ceinture doit être placée une ache à main pour enfoncer au besoin les croisées et faciliter l'entrée dans les étages.

L'échelle doit toujours être tenue, outre son appui sur sa tablette, par le haut ou par le bas.

Par le haut, le sapeur placé en dedans du contre-cœur de la fenêtre, tient des deux mains les courbes des montants de l'échelle, pendant que le second monte.

Par le bas, le sapeur maintient le bas de l'échelle de manière à lui empêcher de toucher les corniches, pendant que le premier monte.

Il n'est pas prudent de commencer l'ascension

sans être sûr que les crochets sont bien pris et engagés de toute leur longeur.

Si les croisées sont garnies de balcons, l'ascension est facile et demande moins de précautions.

L'échelle à crochets peut être faite en une ou en deux pièces.

En deux pièces, elle est brisée au centre, et ses bras liés entre eux par deux charnières, rendues fixes par une plate-bande et un écrou. Celles en une pièce sont préférables, soit pour leur solidité, soit pour leur légèreté, soit enfin pour l'économie de leur construction. Comme elles doivent avoir 4 mètres au plus de longueur, elles sont assez faciles à transporter pour ne pas les construire brisées.

Ces échelles doivent être construites d'un bois qui réunisse deux conditions essentielles: la *légèreté* et la *force*. Le bois de tilleul est celui qui doit être préféré pour les montans, et celui de chataigner pour les traverses.

A la partie supérieure de l'échelle, et à chaque montant, est fixée une plate bande en fer, à l'aide de deux où trois écrous, cette plate-bande se recourbe et forme une saillie de 25 à 30 centimètres, au bout de laquelle se trouve une patte coudée d'équerre; cette patte est destinée à appuyer sur l'appui de fenêtre.

La coudure doit être faite de manière à embrasser la corniche, afin d'éviter que le bas de l'échelle ne fasse levier et ne tende à faire décrocher.

Les échelles à crochets existantes maintenant n'ont rien de plus, et sont imparfaites. Il convient, pour rendre leur emploi sûr et commode d'y ajouter un double chochet mobile à la partie supérieure; ce crochet fixé à la tige de l'autre par une bonne vis qui lui serve d'axe. Ce crochet, après la prise de l'autre sur l'appui de la fenêtre, peut être lancé en avant à l'aide d'une drisse attenante à un de ses bouts, laquelle drisse le faisant basculer sur lui-même, lance sa patte en dedans de l'appui de la fenêtre; en cas de glissage du premier crochet, celui-ci se cramponnerait aux cadres de croisées et arrêterait son mouvement. Le premier s'appellerait *crochet de force*, et le second *crochet de sûreté* (Voy. pl. 1re fig. 9.)

Au bas de l'échelle, il convient aussi d'ajouter deux tringles à charnière, très-légères, de 30 à 35 centimètres de longueur; ces tringles seraient destinées à servir d'arc-boutant et à tenir le bas

*

de l'échelle éloigné du mur et à lui donner du talus, afin d'éviter l'effet de la pression du haut de l'échelle contre les corniches. (Voyez pl. 2ᵉ, fig. 9. c.) Ces principes admis, la manœuvre de l'échelle à crochets se fait comme suit :

Le premier sapeur d'ascension saisit l'échelle et la présente verticalement à la fenêtre à escalader, l'élève et engage ses *crochets de force* le plus avant possible sur son appui ; cela fait, saisit la drisse et fait basculer les *crochets de secours*, puis il remet le bas de l'échelle au deuxième sapeur d'ascension pour la maintenir et monte jusqu'au premier étage, pénètre dans l'intérieur et maintient ensuite l'échelle par ses crochets pendant l'ascension du second sapeur.

Aussitôt que le second sapeur arrive sur l'appui de la fenêtre, le premier le saisit fortement par la poignée de sa ceinture et le tient ferme pendant qu'il est debout sur l'appui, la face tournée en dehors.

Le deuxième sapeur se baisse, relève les crochets de sûreté, saisit l'échelle par les crochets de force et la retourne les crochets en dehors, puis il l'élève verticalement en la faisant glisser dans ses mains alternativement ;

Lorsque le chef d'ascension verra que les crochets ont dépassé l'appui de la fenêtre du second
étage, il commandera :

Tournez!

Alors le second sapeur tournera l'échelle en
appuyant les deux mains qui tiennent les montants de l'échelle contre sa poitrine, et les croi-
sant, laissera descendre l'échelle jusqu'à ce que
les crochets de force aient fait prise; alors il
prendra la drisse et fera basculer les crochets de
sûreté; cela fait, le premier sapeur maintiendra
l'échelle d'une main et son camarade de l'autre,
jusqu'à ce qu'il soit sur l'échelle; aussitôt placé
sur l'échelle, le second montera au deuxième
étage et le premier maintiendra l'échelle des deux
mains.

Le premier montera ensuite pendant que le
second maintiendra l'échelle par ses crochets.

Au deuxième étage, le second sapeur d'ascension fait la manœuvre du premier et le premier
celle du second; chacun à leur tour en changeant
d'étage remplace l'autre et se trouve en dedans
lorsqu'il a été en dehors, et *vice versa*.

Les sapeurs redescendent, quand la manœuvre

est terminée, avec l'échelle à crochets, par la manœuvre inverse.

Si le hissage des courses doit se faire à la suite de la manœuvre d'ascension, le premier attachera la maille à poulie à la poignée de sa ceinture avant de monter.

OBSERVATIONS GÉNÉRALES

Sur la forme des Pompes foulantes et sur la manière de
tirer parti de leur force.

La force des pompes dépend de la proportion
qui existe entre le diamètre des corps et celui du
récipient; et leur portée, du plus au moins de
développement ou de parcours des pistons. La
résistance est donc en raison directe de ce parcours et du rétrécissement du jet.

Pour donner le plus de développement possible
aux oscillations du piston, il faut éloigner les
corps de pompe de l'axe du balancier ou du récipient d'autant qu'on veut augmenter ce développement; mais alors le balancier, jouant le
rôle de levier du second ordre, perdra de son
énergie dans la proportion directe de cet éloignement, et nous mettra dans la nécessité d'aug
menter la force motrice d'autant que la résistance
augmente.

Ainsi sont construites les pompes de première force. A-t-on proportionné dans la construction du balancier la force à la résistance? C'est ce qui a été, en général, très-difficile à exécuter.

Jusqu'à présent on a eu recours aux allonges de balancier, à des poignées de secours placées latéralement à l'axe du balancier, en dedans de la fourchette; au moyen de ces allonges et de ces poignées quatre hommes se placent en plus de chaque côté.

Ces deux moyens sont également vicieux.

Le premier, en plaçant deux hommes à un mètre au-delà de la brimbale, donne, il est vrai, au levier un surcroît de force proportionné à sa longueur, mais aussi quels sont les hommes qui, sans être d'une stature extraordinaire peuvent faire parcourir l'immense quart de cercle que produit l'allonge et le suivre sans l'abandonner dans toute son étendue?

L'autre moyen est vicieux en ce que les hommes placés aux poignées rapprochées de l'*axe* se fatiguent beaucoup et font peu d'effet.

Je crois pouvoir indiquer un moyen d'obvier à ce double inconvénient. Ce moyen est celui d'avoir un balancier armé de *bouts-dehors*; (voy.

fig. 1re, pl. 1re); bien que je n'aie encore vu aucune pompe ainsi gréée je présume qu'il doit en exister; le moyen est si simple, il m'est venu à l'idée si facilement que j'ai peine à croire que j'en suis l'inventeur. Quoiqu'il en soit, en voici la description.

Au-dessous de chaque *douille* de *fourchette* sera soudée ou solidement ajustée une deuxième douille ronde destinée à recevoir la tige du *bout-dehors* (voy. fig. 2 de la pl. 1re), il doit y avoir entre une douille et l'autre une distance de 3 centimètres au moins; la tige doit être faite de manière à tourner librement dans ses douilles.

Dans cette douille ronde, située immédiatement au-dessous des douilles de brimbale, s'enmanchera la *tige* de *bout-dehors* (voy. fig. 3, même pl.)

La tige de *bout-dehors* doit être brisée au centre pour pouvoir s'enmancher commodément et sa brisure solidement réunie, soit par deux boulons, soit par tout autre moyen, le plus simple et le plus solide possible. (Voy. fig. 4.)

Les *bouts-dehors* peuvent avoir des *charnières* et des *coudures* comme le balancier, et dans ce cas on serait dispensé de les démancher après chaque manœuvre.

Si le *balancier* a des *coudures*, les coudures de *bouts-dehors* se reploiraient (voy. fig. 5, même planche).

Si le *balancier* est d'une seule pièce en bois, sans *coudures*, elles se reploiraient comme en la fig. 6.

Une pompe ainsi gréée peut recevoir jusqu'à 32 servants, soit 8 à chaque brimbale de balancier et 4 à chaque *brimbale* de *bouts-dehors* il n'existe pas d'engin qu'un pareil personnel ne puisse manœuvrer.

Les *brimbales* ne doivent s'enmancher qu'après le déploiement des *coudures*, et les *coudures* ne doivent se reployer qu'après avoir démanché les *brimbales*.

Il est à remarquer que les *bouts-dehors*; ainsi placés agissent sur le levier au même degré de puissance que la *brimbale* de *balancier*, sans décrire un quart de cercle plus grand. Il faut avoir le plus grand soin de mettre le même nombre de servants sur chaque brimbale de *bout-dehors*, pour ne pas tordre la fourchette.

Ces *bouts-dehors* seraient utiles même aux

pompes ordinaires ou moyennes, ils éviteraient des remplacements pendant la manœuvre, augmenteraient la force motrice et par conséquent la portée, et diminueraient de moitié la lassitude.

Pour manœuvrer sans les *bouts-dehors*, on est obligé de les démancher.

Pour donner à une pompe de la force et de la portée, il faut, comme il est dit plus haut, donner aux pistons le plus de développement possible.

Outre que le surcroît de développement augmente la résistance dans la proportion de son éloignement de l'axe du balancier, il se présente tout naturellement une difficulté invincible, la voici :

Pour lutter avec avantage contre ce surcroît de résistance, il faudrait augmenter la puissance du levier, et pour cela l'allonger. Mais malheureusement la longueur des balanciers a une limite infranchissable, et pour règle la taille des servants. Quelle que soit la force de l'engin, le balancier ne doit jamais décrire un quart de cercle dont le sommet soit au-dessus de la portée d'un homme ordinaire debout, et le bas de ce quart de cercle ne doit pas dépasser la hauteur de ses genoux. C'est dans cette limite qu'il nous faut chercher le plus grand développement possible du piston, et dans cette limite aussi, réunir sur un même point du levier la force motrice la plus grande possible.

Pour les villes même, les pompes de grande puissance ne sont pas les plus avantageuses, elles ont trois défauts essentiels; le premier est leur poids et leur difficile transport; le second est leur résistance qui nécessite un personnel de manœuvre considérable; enfin le troisième et qui est le plus important à se rappeler, c'est l'immense quantité d'eau qu'elles débitent et qu'il est très-difficile de leur fournir sans interruption.

Il y a des pompes qui débitent 5 hectolitres d'eau à la minute; il leur faut, par conséquent, pour maintenir la bache pleine, y verser un seau d'eau de 9 litres par seconde, ce qui est rarement possible.

Deux pompes de moyenne force, donnant chacune 250 litres d'eau à la minute, produiraient plus d'effet et seraient mises en action avec un personnel moindre. Dans les campagnes, il faut bien se garder d'envier aux villes leur puissant matériel, les pompes de troisième force, à bonne portée, légères et solides sont celles qui leur

conviennent ; l'essentiel est qu'elles soient bien
confectionnées dans tous leurs détails, et que les
accessoires, tels que boyaux, paniers, échelles,
cordages, etc., soient faits avec des matières de
première qualité et confectionnés avec soin.

THÉORIE DES SIGNAUX.

Observation Préliminaire.

S'il est une chose éminemment utile dans un
incendie, c'est sans contredit l'unité de commandement, l'unité et l'instantanéité d'exécution.

Il est impossible d'arriver au plus haut degré
de perfection sous ce rapport, si le bruit, l'en-
combrement ou le tumulte indispensable en pareil cas, contrarient ou empêchent les commandements d'être entendus ou compris ; le temps
perdu soit pour recevoir un avis, soit pour expé-
dier un ordre par voie de dépêche orale, peut
quelquefois compromettre le succès de la meil-

leure manœuvre ou laisser en danger un ou plusieurs travailleurs faute de les entendre et de connaître le danger qu'ils courent ; les travailleurs eux-mêmes, emportés souvent par leur courage, ne se doutent pas que la retraite va leur être fermée, ou qu'ils travaillent sur un point prêt à crouler ; le bruit de l'incendie, les cris de la foule, empêchent d'entendre l'avis qui leur est donné de leur danger, et de cruels malheurs sont le résultat de l'impuissance de l'organisation de nos compagnies sous ce rapport. Toutes ces raisons me font ardemment désirer que tous les sapeurs-pompiers de France adoptent une théorie de signaux qui, dominant le tumulte, servent de correspondance rapide et sûre entre les chefs et les travailleurs ou entre les travailleurs entre eux.

Les pompiers de Genève nous ont précédés dans cette bonne voie. Leur théorie, simple, facile à apprendre et à exécuter pourrait être adoptée généralement en France ; je la donne ci-après textuellement.

Les signaux s'exécutent, à Genève, avec de petits cornets en cuivre destinés à cet usage ; ces cornets pourraient être remplacés par des sifflets.

SIGNAUX

DES SAPEURS-POMPIERS.

Les signaux sont de deux espèces :

1° Ceux des *Capitaines*. Ils se donnent au moyen du cornet de chasseur, et servent à établir les communications entre le *Chef* et les *Officiers*, et aux appels d'alerte.

2° Ceux qui servent à établir les communications entre les *Chefs de pièces* et les *Reconnaissances*. Ils se donnent au moyen du sifflet.

SIGNAUX

DONNÉS PAR LE CHEF SEULEMENT

APPEL DU CAPITAINE-COMMANDANT.

Un coup sec suivi d'un coup lent.

APPEL DES CAPITAINES. — Une fois pour le premier, deux fois pour le deuxième, trois fois pour le troisième.

Trois coups précipités suivis d'un coup lent.

APPEL AU CERCLE DE TOUS LES OFFICIERS.

Rappel du tambour.

APPEL DE L'ALERTE POUR FEU A LA VILLE. — Le Chef s'en sert aussi à l'exercice pour fixer l'attention.

Premières mesures de la générale.

SIGNAUX

COMMUNS AU CHEF, ET AUX AUTRES OFFICIERS CHARGÉS DE COMMANDEMENTS SPÉCIAUX.

Ça va bien ; la disposition est bonne ; continuez.

Un coup lent entre deux coups brefs.

L'eau manque.

Coups brefs, saccadés, prompts et multipliés.

Il faut de nouveaux secours, une nouvelle pompe sur le foyer de l'incendie.

Un coup lent suivi de quatre coups saccadés.

Halte.

Un coup lent, terminé par un coup très-sec.

Il faut abandonner la position.

Coup lent s'enflant et finissant en mourant.

91

Au sécours.

Un coup suivi de deux coups plus précipités ; le tout vif et prompt.

Répétez le signal.

Trois coups bien secs et détachés.

SIGNAUX

ENTRE LES CHEFS DE PIÈCES ET LES RECONNAISSANCES.

Hissez ou ployez la maille.

Un seul coup sec.

Assez de courses.

Deux coups secs.

De l'eau.

Coups brefs, saccadés et multipliés.

Halte ; cessez d'envoyer de l'eau.

Un coup lent terminé par un coup très-sec.

Je ne puis plus tenir ma position.

Coup lent, renforcé au milieu, et plaintif.

Au secours.

Un coup suivi de deux coups précipités ; le tout vif et prompt.

Envoyez 1 , 2 , 3 courses de plus.

Cadence prolongée, suivie d'autant de coups secs que de courses voulues.

Enlevez 1, 2, 3 courses

Cadence prolongée, suivie d'autant de coups secs que de courses à ôter.

Répétez le signal.

Trois coups bien secs et détachés.

Ré - pé - tez.

Signal d'alerte pour appeler les hommes affectés au service de la Campagnarde.

Comme la batterie du ban.

Éh! au feu au loin !

Quoique le cornet soit exclusivement attribué à l'Etat-Major, le lieutenant-colonel, suivant les circonstances, pourra autoriser un sergent à s'en servir pour donner l'alerte aux sapeurs affectés au service de la *campagnarde*.

L'officier chargé du servire de cette pompe pourra également être autorisé à ce servir du cornet pour donner l'alerte à ses hommes, et pour les signaux dans les incendies à la campagne.

OBSERVATIONS GÉNÉRALES..

Les signaux marqués d'un * se trouvent dans les deux catégories de signaux ; les notes sont les mêmes, mais les instruments qui les donnent sont différents.

Les communications qui ne pourront se faire au moyen de ces signaux se feront au moyen d'ordres envoyés par les *capitaines* aux *officiers*, aux *chefs de pompe*, ou par les *reconnaissances* qui détachent un de leurs trois hommes, et auxquelles on enverra un *sapeur* porteur d'un ordre direct.

Il est entendu qu'un signal qui se répète instantanément sans y être appelé par le signal *ré-pé-tez*, indique un cas d'urgence extrême.

Cette Théorie se termine par le maniement d'armes du *sous-officier*; plusieurs compagnies récemment formées ayant adopté le ceinturon en remplacement de la buffleterie croisée sur la poitrine, et par ce fait la poignée du sabre se trouvant sur la hanche gauche, force a été de renoncer au port d'arme ordinaire de la ligne et d'adopter celui du *sous-officier*.

MANIEMENT D'ARMES

Du Sous-Officier.

Portez vos armes ! (Un temps et trois mouvements).

Premier mouvement. Elevez l'arme avec la main droite perpendiculairement et la détachant légèrement de l'épaule, saisissez-la avec la main gauche immédiatement au-dessous de la droite.

Deuxième mouvement. Saisissez la batterie avec la main droite, le pouce et l'index enveloppant la sous-garde, les trois autres doigts sous le chien de batterie, la baguette en avant.

Troisième mouvement. Glissez la main gauche dans le rang et allongez le bras droit de toute sa longueur.

Présentez vos armes! (Un temps et deux mouvements).

Premier mouvement. Elevez l'arme avec la main droite et amenez-la perpendiculairement en face le milieu du corps, le canon en face l'œil gauche et le chien de batterie à la hauteur du dernier bouton de la veste, en même temps saisissez-la avec la main gauche, le petit doigt joignant le ressort de batterie et le pouce allongé le long du bois.

Deuxième mouvement. Lâchez la sous-garde et saisissez l'arme par la poignée.

Portez vos armes! (Un temps et deux mouvements.)

Premier mouvement. Portez l'arme à l'épaule droite avec les deux mains, passez l'index et le pouce autour de la sous-garde.

Deuxième mouvement. Glissez la main gauche dans le rang et allongez le bras droit de toute sa longueur.

L'arme au bras! (Un temps et trois mouvements).

Premier mouvement. Elevez l'arme avec la main droite et amenez-la en face l'épaule gauche, la baguette en avant et le chien à la hauteur du teton, la paume de la main gauche appuyée contre le bois au-dessus de la sous-garde.

Deuxième mouvement. Tournez l'arme avec la main droite, le canon en avaut, passez vivement l'avant-bras gauche sous le chien de batterie, la main gauche sur le teton droit, le pouce détaché.

Troisième mouvement. Glissez la main droite dans le rang.

Portez vos armes! (Un temps et trois mouvements).

Premier mouvement. Portez vivement la main droite à la poignée de l'arme, en même temps portez la main gauche à la hauteur de l'épaule gauche, et saisissez l'arme le canon en avant.

Deuxième mouvement. Portez l'arme à l'épaule droite avec les deux mains en rasant le corps, placez le pouce et l'index autour de la sous-garde, la baguette en avant.

Troisième mouvement. Glissez la main gauche dans le rang et allongez le bras droit de toute sa longueur.

Croisez baïonnette! (Un temps et deux mouvements).

Premier mouvement. Faites une demi à droite, portez le pied droit à dix centimètres en arrière

du gauche, rentrez légèrement la pointe du pied gauche, en même temps saisissez l'arme à la première capucine avec la main gauche, sans la détacher de l'épaule.

Deuxième mouvement. Abattez l'arme, le corps penché en avant, le pouce sur le canon, la baïonnette à hauteur de l'œil, la crosse légèrement serrée contre la hanche droite.

Portez vos armes! (un temps et deux mouvements.)

Premier mouvement. Revenez vivement face en tête, rapportez le pied droit à côté du gauche, relevez l'arme et assurez-là à l'épaule droite avec la main gauche, placez l'index et le pouce autour de la sous-garde;

Deuxième mouvement. Glissez la main gauche dans le rang et allongez le bras droit de toute sa longueur.

L'arme sous le bras gauche! (un temps et trois mouvements.)

Premier mouvement. Passez l'arme ras le corps sans l'élever, et amenez-là à l'épaule gauche, saisissez-là avec la main gauche à la première capucine.

Deuxième mouvement. Tournez l'arme avec la main droite en enlevant la crosse sous le bras gauche, baissez l'arme avec la main gauche, la baguette en lair, le bout du canon à vingt centimètres de terre, la crosse serrée sous le bras, le pouce allongé le long du bois.

Troisième mouvement. Glissez la main droite dans le rang.

Portez vos armez ! (un temps et trois mouvements.)

Premier mouvement. Relevez l'arme avec la main gauche, et saisissez-là avec la main droite à la poignée.

Deuxième mouvement. Passez l'arme ras le corps avec les deux mains en la tournant la baguette en avant, assurez-là à l'épaule droite avec la main gauche, placez le pouce et l'index sur la sous-garde.

Troisième mouvement. Glissez la main droite dans le rang et allongez le bras droit de toute sa longueur.

Reposez vos armes. (Un temps, trois mouvements).

Premier mouvement. Saisissez l'arme avec la main gauche, à la hauteur du téton, détachez-la légèrement de l'épaule.

Deuxième mouvement. Lâchez-la de la main droite, descendez-la de dix centimètres avec la main gauche et saisissez-la avec la main droite immédiatement au-dessus de la gauche.

Troisième mouvement. Glissez la main gauche dans le rang, et la crosse à terre.

CHARGE EN DOUZE TEMPS.

Observations.

Comme cette charge ne diffère de la charge
ordinaire de la ligne que par le premier et le
dernier temps, par rapport au port d'arme du
sous-officier, je ne donnerai ici que la théorie du
premier et du dernier temps, renvoyant pour les
autres aux théories de la ligne.

Chargez vos armes! (Un temps et deux mouvements).

Premier mouvement. Faites une demi à droite
portez le pied droit derrière le gauche, rentrez
légèrement la pointe du pied gauche, saisissez
l'arme avec la main gauche à la hauteur du téton
droit.

Deuxième mouvement. Abattez l'arme dans le
créneau de droite avec les deux mains, et portez

9

le pouce de la main droite contre la feuille de batterie.

(La charge se fait ensuite suivant les théories ordinaires, lorsqu'elle est terminée).

Portez vos armes! (Un temps et trois mouvements.)

Premier mouvement. Elevez l'arme avec la main gauche perpendiculairement, saisissez-la à la poignée avec la main droite.

Deuxième mouvement. Passez l'arme ras le corps avec les deux mains et la retournez la baguette en avant, placez le pouce et l'index sur la sous-garde.

Troisième mouvement. Glissez la main gauche dans le rang et allongez le bras droit de toute sa longueur.

Apprêtez armes! (Un temps et deux mouvements.)

Premier mouvement. Portez le pied droit derrière le gauche, la pointe du pied gauche un peu rentrée, élevez l'arme avec la main droite perpendiculairement, la batterie à hauteur du téton, saisissez l'arme avec la main gauche, le petit doigt joignant le ressort de batterie et le pouce allongé le long du bois; le pouce de la main droite sur la vis du chien de batterie, le coude relevé.

Deuxième mouvement. prenez le chien avec le pouce, armez en abattant le coude, placez la main droite à lapoignée de l'arme, l'index sur la détente sans la presser.

Les mouvements de joue et de feu sont les mêmes que dans les théories de la ligne. Lorsqu'on fait porter l'arme après l'avoir fait apprêter, c'est différent.

Portez vos armes! (un temps et trois mouvements.)

Nota. L'instructeur doit mettre un intervale entre les deux mots du commandement.

Premier mouvement. Au commandement de *portez*, désarmez votre arme, et revenez vivement face en tête;

Deuxième mouvement. Au commandement de

vos armes, allongez le bras droit en laissant glisser l'arme dans la main gauche sans la détacher de l'épaule, placez le pouce et l'index sur la sous-garde.

Troisième mouvement. Glissez la main droite dans le rang, et allongez le bras droit de toute sa longueur.

FIN.

TABLE.

—

FIN DE LA TABLE.

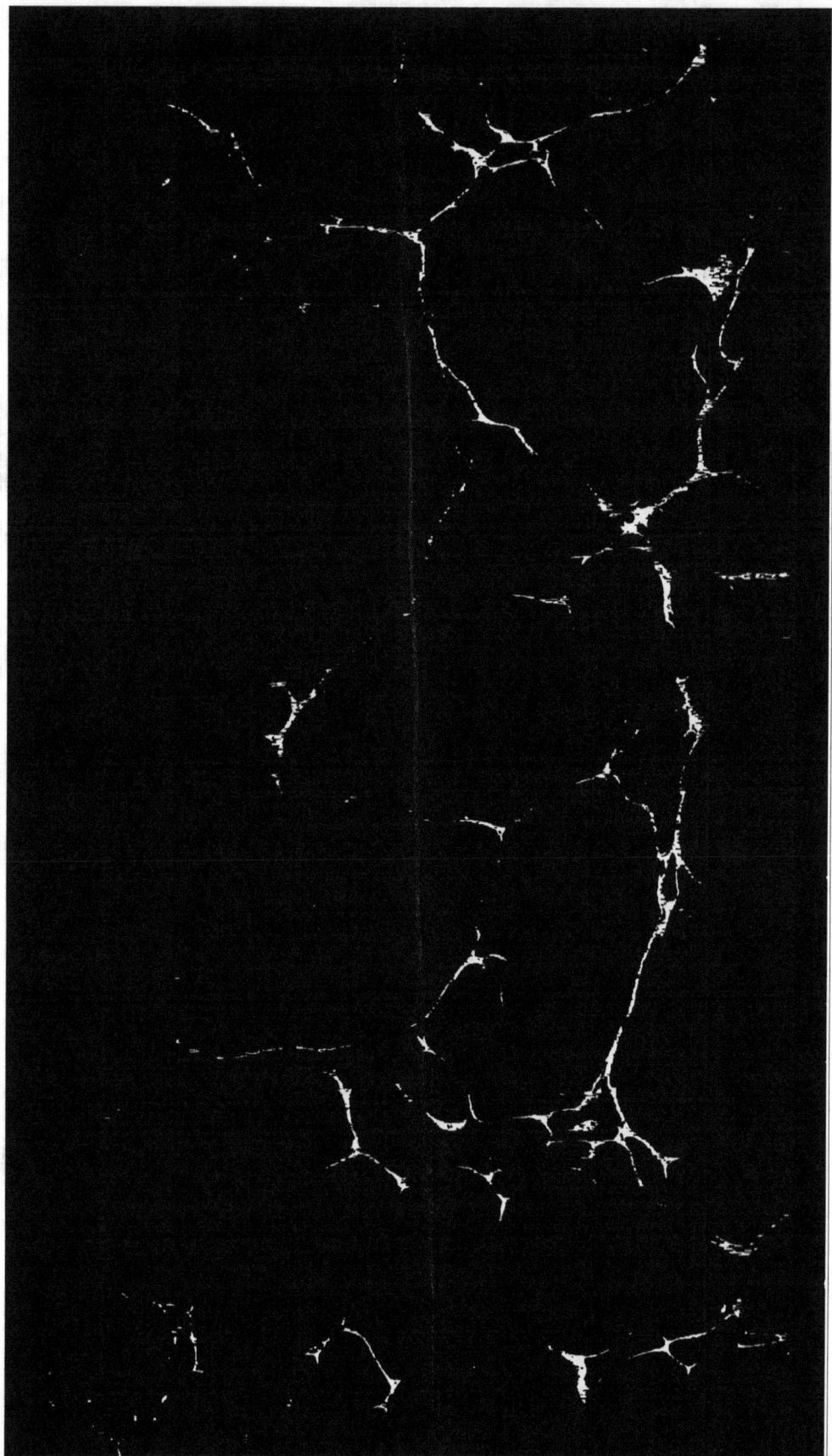

www.ingramcontent.com/pod-product-compliance
Lightning Source LLC
Chambersburg PA
CBHW052037270326
41931CB00012B/2527